L'empreinte invisible

Comment l'intelligence artificielle redéfinit nos pensées, nos choix et notre futur

Corinne GOMOND

DÉDICACE

A mes filles.

PREMIERE PARTIE
Intelligence Artificielle, levier disruptif de la transformation numérique

DEUXIEME PARTIE
Manipulation Cognitive : Définitions et Impacts

REMERCIEMENTS

Je tiens à exprimer ma profonde gratitude à toutes les personnes qui ont contribué à la réalisation de cet ouvrage. Écrire sur l'intelligence artificielle, ce levier disruptif de la transformation numérique, a été un voyage fascinant, ponctué de découvertes et d'inspirations. Tout d'abord, je souhaite remercier les chercheurs et les praticiens du domaine de l'intelligence artificielle pour leur travail acharné et leur dévouement, qui continuent de repousser les frontières de ce que nous croyons possible. Leurs recherches et innovations ont non seulement servi de fondation solide à ce livre, mais continuent également d'inspirer des générations de curieux et d'innovateurs.

Un remerciement spécial à mes collègues et mentors, dont les discussions stimulantes et les précieux conseils ont grandement enrichi le contenu de ce livre. Leur expertise et leur passion pour l'intelligence artificielle et la transformation numérique ont été une source d'inspiration constante tout au long de ce projet.

Je suis également infiniment reconnaissante envers ma famille et mes amis pour leur soutien indéfectible, leur patience et leur encouragement. Sans leur compréhension et leur soutien, la réalisation de ce livre n'aurait pas été possible.

Enfin, je souhaite exprimer ma gratitude à vous, lecteurs et lectrices, qui partagez cet intérêt pour l'intelligence artificielle et son impact sur notre monde. Ce livre est écrit pour vous, dans l'espoir d'éclairer, d'inspirer et de contribuer à une réflexion plus large sur la manière dont nous pouvons façonner un avenir numérique inclusif et éthique.

Merci à tous pour avoir rendu ce voyage possible. Ensemble, continuons d'explorer les possibilités infinies que l'intelligence artificielle nous réserve, en gardant toujours à l'esprit l'importance de l'innovation responsable.

PREMIERE PARTIE
Intelligence Artificielle, levier disruptif de la transformation numérique

CHAPITRE 1
Transformation digitale : définition et explication des enjeux

L'EMPREINTE INVISIBLE

1.1 Définitions Variées de la Transformation Digitale

1.1.1 Introduction : Le phénomène omniprésent de la transformation digitale

La transformation digitale est un phénomène sociétal omniprésent qui se manifeste dans tous les aspects de notre existence quotidienne. Définir précisément la transformation digitale est une tâche complexe, en raison de l'immense variété de ses manifestations.

1.1.2 Définitions multidimensionnelles : comprendre la transformation digitale

À un niveau général, on peut définir la transformation digitale comme l'intégration de la technologie numérique dans tous les domaines de l'activité humaine, entraînant des changements fondamentaux dans la manière dont les opérations sont menées et les services rendus. La transformation digitale, en dépit de son omniprésence dans le discours contemporain, est un terme qui reste intrinsèquement ambigu. Plusieurs définitions existent, parfois divergentes, en raison de la nature multidimensionnelle du concept et de la multitude de perspectives adoptées par différents chercheurs, praticiens et secteurs d'activité.

1.1.3 Large portée et accent stratégique : l'essence de la transformation digitale

Dans sa forme la plus large, la transformation digitale est définie comme l'intégration et l'utilisation complète des technologies digitales dans tous les aspects d'une organisation. Cette définition englobe le changement organisationnel et technologique qui implique l'adoption, l'implémentation, et l'exploitation de la technologie digitale pour améliorer l'efficacité des opérations, la productivité, et la satisfaction du client. En mettant l'accent sur le côté stratégique, certains auteurs définissent la transformation digitale comme l'exploitation des technologies digitales pour créer ou modifier les modèles économiques existants, en cherchant à fournir de nouvelles valeurs ajoutées aux clients. Dans cette perspective, la transformation digitale est perçue comme un moyen de gagner un avantage concurrentiel dans un environnement de plus en plus digitalisé.

1.1.4 *Aspect sociotechnique : changement culturel et changement organisationnel*

D'autres définitions mettent en évidence l'aspect sociotechnique de la transformation digitale. Elles soulignent que la transformation digitale n'est pas seulement une question d'adoption de nouvelles technologies, mais implique également un changement fondamental dans la culture, les structures, et les processus d'une organisation. Cela signifie que la transformation digitale exige une réorientation du personnel vers une culture digitale, une modification des structures organisationnelles pour favoriser la flexibilité, et une révision des processus pour favoriser l'innovation.

1.1.5 *Parcours continu d'adaptation : la nature dynamique de la transformation digitale*

Une autre perspective est celle de la transformation digitale comme un processus continu et dynamique. Cette définition met l'accent sur le fait que la transformation digitale n'est pas un projet à terminer, mais un parcours constant d'expérimentation, d'apprentissage et d'adaptation. Dans ce contexte, la transformation digitale est une démarche visant à intégrer continuellement les technologies émergentes dans les opérations et les stratégies de l'organisation.

1.1.6   *Expressions galvaudées et clarification de l'OCDE*

L'expression "transformation digitale" est de plus en plus fréquemment utilisée et souvent liée à des termes aussi obscurs que vagues, la plupart du temps anglicisés : blog, e-learning, analytics, hashtag, MOOC, Natives, Crowdfunding, Cloud, Big Data, Blockchain, Dataviz, Fintech... Par conséquent, cette expression est aujourd'hui parfois surexploitée, rendant sa véritable signification difficile à cerner. Pour ce faire, nous nous sommes basés sur la définition de l'OCDE[1] (Organisation de coopération et de développement économiques) . En effet, parmi la multitude de définitions proposées dans la littérature académique ou professionnelle, celle-ci nous semble être la plus précise et la plus complète tout en restant facilement compréhensible. Selon cette organisation, la "transformation digitale" se réfère aux impacts économiques et sociétaux de la numérisation et de la digitalisation. La numérisation est le processus de conversion de données et de processus analogiques en un format lisible par une machine. La digitalisation, quant à elle, se réfère à l'utilisation des technologies et des données numériques, ainsi qu'aux interconnexions qui entraînent l'apparition de nouvelles activités ou l'évolution d'activités existantes.

---

[1] OCDE, (2019), Going Digital: Shaping Policies, Improving Lives, Éditions OCDE, https://doi.org/10.1787/9789264312012-en.1

1.1.7 Complexité et omniprésence : démêler la transformation digitale

Ces définitions multiples reflètent la complexité et l'ambiguïté inhérentes à la transformation digitale. Elles montrent également que la transformation digitale n'est pas une fin en soi, mais un moyen pour les organisations d'atteindre leurs objectifs stratégiques dans un environnement commercial de plus en plus digitalisé. En dépit de ces différences de définitions, un consensus semble émerger sur le fait que la transformation digitale est un phénomène à la fois profond et omniprésent, avec des implications majeures pour les organisations de toutes tailles et de tous secteurs.

1.1.8 Progrès accélérés : l'influence de la COVID-19 sur la transformation digitale

La transformation digitale s'est nettement accélérée à cause de la pandémie de Covid-19 et l'adoption massive du télétravail. Les organisations, contraintes à utiliser des outils comme Teams ou Zoom, ont fait des avancées significatives en l'espace d'une année, comparables à ce qu'elles auraient réalisé en 5 à 6 ans sans la crise sanitaire. Cependant, cette évolution présente des contrastes : les grandes entreprises et administrations, souvent trop cloisonnées, rencontrent des difficultés à favoriser la collaboration et l'intelligence collective, tandis que les TPE et PME restent en retrait.

1.1.9 Au-delà des frontières : l'impact de la digitalisation sur la société

La digitalisation est une notion qui dépasse largement son cadre initial. Emblématique de l'ère numérique, les changements sociétaux s'opèrent constamment, avec ou sans notre intervention, autour de nous, à notre avantage ou à notre détriment. Le rythme imposé par le réseau et la technologie surpasse celui de nos institutions traditionnelles. Le temps constitue ainsi un facteur clé de l'impact de la mutation numérique. L'idée du temps réel élimine les contraintes temporelles. L'expansion de l'instant, ressentie par la délinéarisation des communications de masse, donne à chaque internaute, choisissant son moment d'accès à l'information, l'impression de maîtriser le contenu. La mobilité est un autre facteur d'impact, permettant à chacun de se connecter de n'importe où. L'informatique embarquée a popularisé les systèmes intelligents. Les dispositifs industriels, allant des voitures autonomes aux appareils électroménagers, évoluent vers des équipements intelligents. Des centres technologiques émergent. Les systèmes intelligents contribuent à la création de villes intelligentes, aussi appelées "smart cities". Des entreprises comme Uber, Airbnb, Lyft, TaskRabbit ont établi des plateformes de mise en relation directe entre prestataires de services (professionnels ou particuliers) et consommateurs (circuits courts), le tout via une relation entièrement dématérialisée (géolocalisation en temps réel, paiement, évaluations, notes...). Depuis le milieu des années 1990, la digitalisation s'est intégrée progressivement dans tous les secteurs de la société, modifiant non seulement l'économie mais aussi profondément les relations sociales. Les plateformes en ligne[2] sont en grande partie responsables de ces changements. Ces plateformes, qui sont définies comme des infrastructures numériques permettant à différents groupes d'interagir, ont profondément pénétré nos vies quotidiennes. Que ce soit pour communiquer, partager de l'information, acquérir des biens et services, elles sont omniprésentes aussi bien dans notre sphère privée que professionnelle. Elles promettent des services personnalisés, stimulent l'innovation et la croissance économique, tout en éliminant les intermédiaires traditionnels, comme les banques qui peuvent être remplacées par des plateformes de crowdfunding.

1.1.10 *Domination des géants de la technologie et préoccupations en matière de transparence*

Néanmoins, l'écosystème des plateformes est dominé par les 'Big Five' GAFAM: Google Alphabet, Amazon, Facebook, Apple et Microsoft. Ces entreprises ont réussi à attirer de nombreux utilisateurs, bénéficiant d'un quasi-monopole grâce aux effets de réseau et aux rendements d'échelle.

---

[2] Srnicek (2016, p. 25) https://journals.openedition.org/nrt/6408

Elles ont aussi accès à une quantité massive de données qui sont utilisées pour automatiser et organiser leurs services. Ces plateformes ont une influence considérable sur nos vies, en filtrant les informations accessibles, en influençant nos choix de consommation, en définissant nos modes de communication, et même en façonnant nos modes de vie et l'organisation de la société. Cependant, le principal problème réside dans l'opacité de ces plateformes. Nous ne maîtrisons pas comment nos actions, lors de l'utilisation de ces plateformes, sont alignées avec les valeurs que nous souhaitons promouvoir dans une société de plus en plus numérisée, telles que le respect de la vie privée, des travailleurs, de la concurrence et de l'environnement. Ceci est amplifié par la collecte massive de données. Les plateformes en ligne se nourrissent de données associées aux contenus et aux utilisateurs, qui sont ensuite automatisées et structurées par des algorithmes et des interfaces. Les Big 5[3] exploitent approximativement soixante-dix plateformes stratégiques, comprenant des réseaux sociaux, des hébergements web, des systèmes de paiement, des services de connexion et d'identification, des services de stockage à distance, des agences de publicité, des moteurs de recherche, des plateformes

---

[3] Srnicek, N. (2016). Capitalisme de plateforme : L'hégémonie de l'économie numérique. LUX Éditeur.
Tirole, J. (2016). Économie du bien commun. PUF.
Van Dijck, J., Poell, T., & de Waal, M. (2018). The Platform Society. Oxford University Press.

audiovisuelles, des services de cartographie et de navigation, des app stores, des services d'analyse et autres. Elles peuvent alors générer les structures sociales dans lesquelles nous vivons, filtrant les informations auxquelles nous avons accès, influençant nos choix de consommation, déterminant nos modes de communication ; en somme, façonnant notre façon de vivre et l'organisation de notre société. Cependant, le véritable problème ne réside pas ici. Il se trouve dans le fait que tout cela demeure assez obscur pour nous. Nous ne contrôlons pas comment nos actions, lors de l'utilisation de ces plateformes, peuvent être en accord avec les valeurs que nous souhaiterions défendre dans une société aussi numérisée qu'elle soit (respect de la vie privée, des employés, de la concurrence, de l'environnement, etc.).

1.1.11 Point de vue de l'entreprise : l'importance de la transformation digitale

Au niveau de l'entreprise, la transformation digitale se réfère au remaniement des processus opérationnels, des modèles économiques et de l'expérience client, en utilisant les technologies digitales pour créer de nouvelles ou modifier les stratégies commerciales existantes. Cette redéfinition est généralement conduite par un impératif stratégique, tel que l'amélioration de l'efficacité opérationnelle, la création de nouveaux flux de revenus ou l'amélioration de l'expérience client. Les enjeux de la transformation digitale sont nombreux et divers. D'une part, elle offre d'énormes possibilités aux organisations pour améliorer leur efficacité, créer de nouveaux produits et services, et atteindre de nouveaux marchés. Elle permet également une plus grande interaction et une plus grande personnalisation dans les relations avec les clients, ce qui peut conduire à une plus grande fidélité à la marque.

1.1.12 Augmentation des dépenses en transformation digitale jusqu'en 2026

En 2022, les dépenses en Transformation Digitale ont atteint 1,6 billion de dollars américains. D'ici 2026, les dépenses mondiales en transformation Digitale devraient atteindre 3,4 billions de dollars américains.

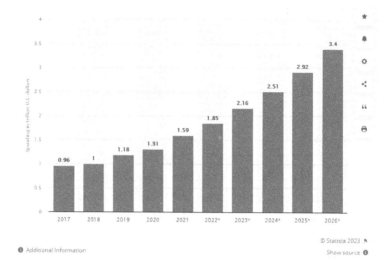

Figure 1[4] : Publié par le Département de Recherche Statista, le 7 juillet 2023 concernant les dépenses mondiales en transformation digitale de 2017 à 2026

1.1.13 Défis et enjeux de la transformation digitale

D'autre part, la transformation digitale présente également des défis majeurs. L'adoption des technologies numériques requiert des investissements significatifs en termes de temps, d'argent et de ressources humaines. De plus, le paysage technologique évolue rapidement, ce qui nécessite une vigilance constante et une volonté d'adaptation permanente. En outre, les questions de

---

[4] https://www.statista.com/statistics/870924/worldwide-digital-transformation-market-size/

sécurité et de confidentialité des données sont de plus en plus préoccupantes à mesure que les organisations deviennent de plus en plus numériques.

1.1.14 *Tendances technologiques marquantes de 2022*

En 2022, plusieurs tendances technologiques ont marqué l'année. Les réseaux sociaux ont vu le déclin de Meta, l'entreprise mère de Facebook, avec une chute de sa valeur en bourse, tandis que TikTok a connu une ascension remarquable. De plus, le rachat de Twitter par Elon Musk pour 44 milliards de dollars a créé une perturbation majeure dans l'écosystème des réseaux sociaux. L'intelligence artificielle, en particulier ChatGPT, a également été un point saillant. Les jeunes ont changé leur façon de consommer les médias sociaux, préférant Snapchat, TikTok et Instagram à Facebook. Les géants de la technologie, comme Google, ont vu leur utilisation diminuer parmi ce groupe démographique. La création de contenu en ligne a évolué, avec une plus grande authenticité et un mouvement vers la rémunération des créateurs. Enfin, des sujets sociétaux plus importants ont été abordés sur les plateformes de médias sociaux, et la cybersécurité est devenue une préoccupation majeure en raison de l'augmentation des attaques et des fake news.

1.1.15 Importance et implications de la transformation digitale

En somme, la transformation digitale est une réalité inévitable de l'environnement commercial moderne. Elle offre des possibilités immenses, mais présente également des défis considérables. Pour naviguer efficacement dans ce paysage en évolution rapide, les organisations doivent adopter une approche proactive, planifier soigneusement leur transition vers le numérique, et être prêtes à adapter leurs stratégies en fonction des changements technologiques.

1.1.16 L'indice de l'Économie et de la Société Numériques (DESI) : Un baromètre du progrès numérique en Europe

L'Indice de l'Économie et de la Société Numériques (DESI), publié annuellement depuis 2014 par la Commission européenne, sert de baromètre pour évaluer les progrès accomplis dans le domaine du numérique par les nations de l'Union européenne[5]. Selon le dernier rapport, seulement 54 % des Européens âgés de 15 à 74 ans possèdent des compétences numériques de base, bien en-deçà de l'objectif fixé à 80 % pour 2030[6].

---

[5] eGovernment Benchmark 2022 | Shaping Europe's digital future (europa.eu)
[6] Décennie numérique de l'Europe: objectifs numériques pour 2030. (europa.eu)

1.1.17 *Lacunes et opportunités pour le progrès digital*

Dans l'ensemble, malgré des avancées notables, des lacunes persistent notamment en ce qui concerne les compétences numériques. Ces lacunes sont particulièrement évidentes chez les PME, où la transformation numérique se fait encore attendre. Par ailleurs, le déploiement des réseaux 5G, ainsi que l'exploitation du big data et de l'intelligence artificielle, restent également des domaines où des progrès significatifs doivent être réalisés.

Figure 2: La Commission Européenne a publié les résultats de l'Indice de l'Économie et de la Société Numériques (DESI) de 2022, qui suit les progrès réalisés dans les États membres de l'UE en matière de numérique.[7]

---

[7] Digital Economy and Society Index 2022: overall progress but digital skills, SMEs and 5G networks lag behind | Shaping Europe's digital future (europa.eu)

1.2. Origine et Développement du Concept de Transformation Digitale

La transformation digitale est un concept relativement nouveau dans le domaine de la gestion et de l'organisation. Toutefois, il est profondément enraciné dans l'évolution des technologies de l'information et de la communication (TIC) et le développement progressif de l'ère numérique. L'origine du concept de transformation digitale remonte aux années 1950 et 1960, avec l'émergence de la première vague de systèmes informatiques. Ces premiers systèmes, tels que les ordinateurs mainframe et les systèmes de gestion de bases de données, ont apporté des modifications significatives dans la façon dont les organisations géraient l'information et les processus de travail. Cependant, ces technologies étaient principalement utilisées pour automatiser les processus existants, plutôt que pour transformer radicalement les activités. Au fil des décennies suivantes, avec l'essor de l'informatique personnelle, du World Wide Web et, plus tard, des technologies mobiles, les organisations ont commencé à reconnaître le potentiel des technologies numériques pour modifier fondamentalement leurs opérations et leurs interactions avec les clients. Ces évolutions ont été accompagnées d'une prise de conscience croissante de la nécessité d'une transformation plus large, au-delà de la simple automatisation des processus. L'apparition du terme "transformation digitale" lui-même date des années 2000, parallèlement à l'expansion rapide de l'Internet et de la mobilité, et à l'émergence de nouvelles technologies disruptives telles que le cloud computing, l'analyse des données massives (Big Data), l'intelligence artificielle (IA) et l'Internet des Objets (IoT). Ces technologies ont créé de nouvelles possibilités pour les organisations, mais ont également posé de nouveaux défis en termes d'adaptation et de changement. Le développement du concept de transformation digitale a également été influencé par l'évolution des modèles économiques. Par exemple, l'essor de l'économie de plateforme, où la valeur est créée par la mise en relation de différents groupes d'utilisateurs (comme dans le cas d'Uber ou d'Airbnb), a renforcé l'idée que la technologie numérique peut être utilisée pour créer de nouvelles formes de valeur et remodeler les industries.

Aujourd'hui, la transformation digitale est largement reconnue comme un impératif stratégique pour les organisations de toutes tailles et de tous secteurs. Elle implique une refonte complète de la manière dont une organisation opère et délivre de la valeur à ses clients, tirant parti des technologies numériques pour améliorer l'efficacité, favoriser l'innovation et créer des expériences client supérieures.

1.3 Impact de la Transformation Digitale sur les Différentes Industries

La transformation digitale a un impact considérable sur une myriade d'industries, redéfinissant les modèles économiques, remodelant les interactions clients et restructurant les chaînes de valeur.

- **Industrie de la vente au détail** : Dans ce secteur, la transformation digitale a conduit à l'essor du commerce électronique. Les consommateurs ont maintenant la possibilité de faire des achats en ligne depuis le confort de leur domicile. Les détaillants ont également mis en place des stratégies omnicanales pour fournir une expérience d'achat fluide, en fusionnant les expériences en ligne et hors ligne. La technologie de la blockchain, les solutions d'IA pour la personnalisation, les analyses prédictives pour la gestion des stocks sont quelques exemples des technologies utilisées.

- **Secteur bancaire** : Les banques traditionnelles sont de plus en plus concurrencées par les fintechs qui offrent des services bancaires numériques tels que les paiements mobiles, le prêt peer-to-peer et la gestion de patrimoine numérique. Les clients ont maintenant la possibilité de réaliser des transactions financières en quelques clics sur leur smartphone. De plus, l'IA et le machine learning sont utilisés pour la détection de la fraude et l'évaluation du risque de crédit.

- **Industrie du divertissement** : La transformation digitale a radicalement modifié la manière dont le contenu est produit, distribué et consommé. Avec l'essor des plateformes de streaming comme Netflix et Spotify, les utilisateurs peuvent accéder à un vaste catalogue de films, de séries télévisées et de musique à la demande.

- **Secteur de la santé** : La télémédecine, l'IA dans le diagnostic, les dossiers médicaux électroniques, et les applications de santé mobile sont des exemples de la manière dont la transformation digitale a révolutionné le secteur de la santé. Elle a permis d'améliorer la qualité des soins, de rendre les services de santé plus accessibles et de personnaliser les traitements.

- **Industrie du transport** : La transformation digitale a donné naissance à des plateformes de covoiturage comme Uber et Lyft, bouleversant l'industrie traditionnelle du taxi. De plus, avec l'essor des véhicules autonomes et des drones de livraison, la transformation digitale est sur le point de redéfinir encore plus le secteur des transports.

Dans chaque secteur, la transformation digitale offre des opportunités pour améliorer l'efficacité, réduire les coûts, améliorer la qualité des services, et créer de nouvelles sources de revenus. Cependant, elle pose également des défis, notamment en termes de concurrence, de protection des données et de réglementation. Pour naviguer efficacement dans cette nouvelle réalité, les entreprises de toutes les industries doivent embrasser le changement, investir dans les nouvelles technologies, et s'adapter constamment aux évolutions du paysage digital.

1.4 Droits et principes numériques de l'UE et la Voie vers la décennie numérique

1.4.1 L'*Initiation de la Déclaration sur les Droits et Principes Numériques de l'UE*

Le 15 décembre 2022, la présidente de la Commission européenne, Ursula von der Leyen, avec Roberta Metsola[8], présidente du Parlement européen, et Petr Fiala, Premier ministre tchèque, ont signé une déclaration sur les droits et principes numériques. Cette déclaration, initiée en janvier 2022[9], souligne l'engagement de l'UE à favoriser une transformation numérique sécurisée, durable et centrée sur les citoyens, en accord avec les valeurs fondamentales de l'UE. Elle propose plusieurs principes, incluant le respect des droits des citoyens, la liberté de choix en ligne, la sécurité, la solidarité et l'inclusion, la participation citoyenne, et la durabilité. Ces principes sont destinés à compléter les droits existants et à fournir un cadre de référence pour l'utilisation des nouvelles technologies.

---

[8] Droits et principes numériques (europa.eu)
[9] COM_2022_28_1_FR_ACT_part1_UVhneVfcOUynZEqPEq5TYniL5I_82704.pdf

1.4.2 Le Programme Politique : Voie vers la Décennie Numérique

Afin de développer la société numérique le programme politique **"Voie vers la décennie numérique"**, est un mécanisme de suivi et de collaboration pour atteindre des objectifs communs pour la transformation numérique de l'Europe, il est entré en vigueur le 8 janvier 2023 par la création des Consortiums Européens pour les Infrastructures Numériques (EDIC). Le programme vise à transformer numériquement l'Europe d'ici 2030 grâce à la coopération et la mutualisation des ressources entre les États membres. Les domaines d'intervention incluent la 5G, l'informatique quantique, le développement de puces de deuxième génération, la communication quantique et spatiale, la blockchain et l'administration publique connectée. Les EDIC, qui seront créés, ne sont pas un nouvel organisme de l'Union Européenne, mais un mécanisme pour faciliter la mise en place de l'infrastructure numérique et garantir sa durabilité à long terme. Ces centres EDIC seront des entités juridiques indépendantes, constituées d'au moins trois États membres. Ils pourront postuler à des financements de divers programmes de l'UE.

1.4.3 L'Influence Globale des Principes et Objectifs Numériques de l'UE

Dans ce contexte global, les principes et objectifs numériques de l'UE ont une influence considérable. Comme l'UE est une entité politique majeure et un acteur économique clé, ses politiques et ses normes ont souvent une portée mondiale. Dans le domaine du numérique, l'UE cherche à devenir un pionnier et à définir des normes mondiales. La déclaration des droits et principes numériques de l'UE a déjà suscité un intérêt international significatif. D'autres nations et organisations multinationales considèrent de plus en plus le modèle de l'UE comme un exemple à suivre. L'accent mis sur le respect des droits des citoyens, la sécurité, la durabilité et l'inclusion est particulièrement pertinent à l'ère numérique, où les technologies évoluent rapidement et où la protection de la vie privée et des données personnelles est de plus en plus importante.

1.4.4 Les Implications Mondiales de la Stratégie Numérique de l'UE

Dans le même temps, la "Voie vers la décennie numérique" de l'UE et la création des EDIC sont également observées de près par d'autres pays et régions. L'approche collaborative de l'UE, la mutualisation des ressources et l'accent mis sur des domaines clés tels que la 5G, l'informatique quantique, la blockchain et l'administration publique connectée pourraient servir de modèle pour d'autres initiatives régionales et internationales. Les décisions de l'UE pourraient ainsi inciter d'autres pays à adopter des stratégies similaires, favorisant ainsi la croissance, l'innovation et la durabilité dans le domaine numérique à l'échelle mondiale. Les développements numériques de l'UE pourraient également encourager la coopération internationale, la coordination des politiques et le partage des meilleures pratiques, contribuant ainsi à façonner un avenir numérique qui soit sûr, inclusif et bénéfique pour tous.

1.4.5 *Respect de la Diversité Culturelle et Sociale dans la Mise en Œuvre de la Stratégie Numérique*

Toutefois, il est essentiel que ces initiatives soient mises en œuvre de manière à respecter la diversité culturelle et sociale de chaque pays. Alors que l'UE s'avance dans sa "voie vers la décennie numérique", elle doit aussi travailler en étroite collaboration avec d'autres acteurs mondiaux pour s'assurer que les avancées technologiques bénéficient à tous et respectent les droits et libertés fondamentaux.

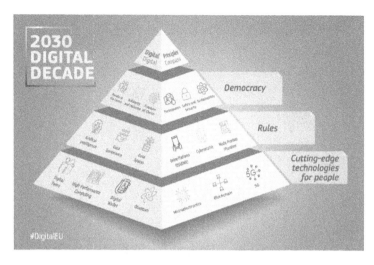

Figure 3 : Décennie numérique de l'Europe[10]

---

[10] https://digital-strategy.ec.europa.eu/fr/policies/europes-digital-decade

CHAPITRE 2

L'intelligence artificielle : Une exploration de ses définitions, des divers algorithmes et de ses applications les plus répandues

2.1 Définition

L'intelligence artificielle[11] ou IA est née en 1955 lors de la conférence de Dartmouth[12] présidée par John MacCarty. L'IA est un domaine complexe qui a été développé pour étudier la façon dont le cerveau humain pense, apprend et décide, puis appliquer ces mécanismes biologiques aux ordinateurs. Aujourd'hui le fruit des travaux dans le domaine vise plutôt un objectif d'ingénierie pour développer des concepts et des outils pour accomplir certaines tâches que les humains peuvent faire moyennant une intelligence.

L'intelligence artificielle pose des questions fondamentales sur notre essence et notre humanité. Descartes, le philosophe renommé, a autrefois déclaré : "Je pense, donc je suis". Il suggère ainsi que la conscience de soi découle de notre capacité à penser, douter et nous

---

[11] L'intelligence amplifiée par la technologie par François Cazals, Chantal Cazals-2020 - Éditeur : De Boeck Supérieur
[12] J. McCarthy. M. Minsky. N. Rochester et C. Shannon. « A proposal for the Dartmouth summer research project on artificial intelligence"
http://jmc.stanford.edu/articles/dartmouth/dartmouth.pdf

interroger, ce qui semble être l'apanage de l'humanité. Nous nous distinguons de l'intelligence artificielle qui est, en dernière analyse, une force de calcul colossale, un programme informatique capable d'analyser un vaste ensemble de données pour résoudre un problème spécifique. Cependant, cette perspective, aussi confortable et rassurante qu'elle puisse être, s'avère être une simplification excessive. En 2016, dans le cadre du programme de recherche Google Brain[13], deux intelligences artificielles, nommées Bob et Alice, ont réussi à communiquer et à développer un langage crypté. Une troisième intelligence artificielle, Eve, censée intercepter leurs messages, s'est révélée incapable de les décrypter. En sécurisant leurs communications d'une manière inattendue, Bob et Alice ont démontré une capacité d'adaptation et d'apprentissage - des traits du Deep Learning - laissant les chercheurs perplexes quant à la nature de leurs échanges. Le sujet de l'intelligence artificielle fait couler beaucoup d'encre de manière généralement anxiogène. On la craint tantôt pour son potentiel de supprimer des emplois, tantôt pour la possibilité qu'elle prenne le contrôle mondial en moins d'une génération, en devenant "forte". Cette appréhension est largement alimentée par la façon dont l'intelligence artificielle est souvent représentée dans la culture populaire. La littérature et les films de science-fiction en font souvent une figure humanisée, incarnée par des robots androïdes qui nous ressemblent, et malheureusement, ces récits se terminent généralement

---

[13] https://arxiv.org/pdf/1610.06918v1.pdf

mal avec les robots prenant le pouvoir. De nos jours, l'intelligence artificielle est une réalité omniprésente avec laquelle nous devons interagir., même si nous ne la percevons pas toujours. Par exemple, nos téléphones mobiles améliorent la qualité de nos photos grâce à l'intelligence artificielle. L'application GPS nous propose des itinéraires alternatifs pour éviter les embouteillages en utilisant également l'intelligence artificielle. Lorsque nous déposons des chèques dans un automate qui déchiffre automatiquement le montant, c'est aussi grâce à cette technologie. De même, notre messagerie électronique filtre les e-mails indésirables en faisant appel à l'intelligence artificielle. Et lorsque nous pouvons traduire un texte dans une langue étrangère sur un site Web, c'est encore grâce à cette puissante technologie. Les exemples pourraient être multipliés à l'infini. L'intelligence artificielle, même si elle n'a pas toujours un aspect spectaculaire, simplifie déjà notre quotidien en nous épargnant de nombreux inconvénients. Et ce n'est que le début de cette aventure passionnante.

Elle imprègne divers domaines, de la santé à l'armement, en passant par la sécurité, l'art et la finance, offrant un champ des possibles pratiquement infini. Étant donné que les intelligences artificielles ont la capacité d'apprendre, de créer et d'innover, le cadre juridique qui régit ces activités et les litiges potentiels qui pourraient en résulter, en particulier dans le domaine de la propriété intellectuelle, est mis à rude épreuve. Cela soulève d'importantes questions éthiques et déontologiques qui nécessitent une réflexion approfondie et une régulation judicieuse.

2.1.1   Définir l'intelligence artificielle : Cédric Vasseur et Marvin Lee Minsky

Le terme "intelligence artificielle" peut parfois prêter à confusion. Pour l'expert en IA, Cédric Vasseur[14], lorsqu'on lui demande de définir l'IA, sa réponse a été la suivante : "Il s'agit d'une machine qui résout des problèmes généralement résolus par des êtres humains ou des animaux". Cette définition fait écho à celle de Marvin Lee Minsky, l'un des pionniers du domaine de l'intelligence artificielle. Minsky décrivait l'intelligence artificielle comme "la science qui permet à des machines d'accomplir des tâches qui nécessiteraient de l'intelligence si elles étaient réalisées par des êtres humains."

L'intelligence artificielle[15] se distingue des systèmes informatiques traditionnels par sa capacité à apprendre à partir d'exemples, sans avoir besoin d'une programmation détaillée par un développeur. Semblable à la manière dont un enfant apprend à reconnaître un animal à partir de photos, l'IA se calibre pour fournir les résultats attendus dans de nouvelles situations. Elle produit une fonction de généralisation à partir des exemples appris et peut reconnaître les caractéristiques spécifiques d'une entité, tout comme un enfant différencie un cheval d'un zèbre en se concentrant sur la

---

[14] L'IA face aux défis écologiques d'aujourd'hui et de demain- Dunod- Année de Publication: 2022
[15] L'intelligence amplifiée par la technologie Par François Cazals, Chantal Cazals : 2020- De Boeck Supérieur

présence de rayures. La complexité du modèle et le nombre de données d'apprentissage affectent la capacité d'un système intelligent à prédire la catégorie d'objets ou d'événements. Bien que les phases d'apprentissage puissent être longues, les phases de classification sont généralement plus rapides. En outre, l'IA est capable de prédire, raisonner et décider. Elle peut envisager mentalement les conséquences d'une action sans avoir à l'exécuter réellement, ce qui lui permet de prendre des décisions éclairées. Elle fonctionne de manière probabiliste, calculant les probabilités de différentes actions pour déterminer le meilleur choix à faire, d'où l'utilisation courante de l'IA dans les logiciels d'aide à la décision.

2.1.2 L'IA apprend à partir d'exemples : similitudes avec l'apprentissage humain

L'intelligence artificielle (IA), bien qu'elle soit souvent perçue comme une technologie futuriste, a en réalité une histoire qui remonte à 1956. C'est à cette époque que les chercheurs ont commencé à poser les bases de cette discipline lors d'une conférence à l'université de Dartmouth. Les avancées en IA ont fluctué au fil des décennies en fonction des progrès technologiques, des données disponibles et de la puissance de calcul. Depuis les années 2010, l'IA a connu une période d'euphorie, notamment grâce à l'avancée du "deep learning[16]", une

---

[16]Le deep learning, également appelé apprentissage profond, s'appuie sur des architectures complexes et multicouches de réseaux de neurones. Le spécialiste en IA Kai-Fu-Lee définit le deeplearning comme « des algorithmes

méthode d'IA qui imite le fonctionnement du cerveau humain dans la perception visuelle. Yann Le Cun[17], un chercheur français, a été un acteur majeur dans le développement de cette technologie. Cependant, même l'IA a ses limites. En général, un système intelligent ne peut résoudre un problème que si un expert humain peut le faire avec un certain ensemble de données. Les systèmes intelligents nécessitent plus de cycles d'apprentissage que les humains, mais ils ont accès à une plus grande quantité de données et une plus grande puissance de calcul.

2.1.3 Anticipation, raisonnement et décision : capacités de l'intelligence artificielle

Dans l'ère actuelle du big data, le volume de données d'apprentissage n'est plus une contrainte significative pour l'Intelligence Artificielle (IA). Le logiciel Alpha Go de DeepMind[18], qui a battu le champion du monde de Go[19], illustre les importantes capacités d'apprentissage des systèmes intelligents : il peut apprendre de dizaines de milliers de parties jouées par des professionnels et s'entraîner contre près de 5 millions d'instances de lui-

---

Utilisant d'énormes quantités de données recueillies dans un domaine particulier afin de prendre la meilleure décision par rapport au but recherché. Ils le font en s'entraînant à reconnaître des schémas récurrents profondément enfouis, ainsi que des corrélations entre les nombreuses valeurs et la question posée »

[17] https://www.senat.fr/rap/r16-464-1/r16-464-16.html

[18] https://www.lemonde.fr/pixels/article/2017/05/25/l-intelligence-artificielle-alphago-bat-une-nouvelle-fois-le-champion-du-monde-de-go_5133716_4408996.html

[19] Le jeu de Go est un jeu de stratégie d'origine chinoise, plus complexe que les échecs. La grande diversité des combinaisons possibles à explorer le rend très difficile à modélise

même en seulement cinq jours. Bien que ces systèmes nécessitent plus de cycles d'apprentissage que les humains, la grande quantité de données disponibles, la puissance de calcul actuelle et la parallélisation des traitements leur fournissent des ressources nettement supérieures.

2.1.4 L'IA, entre *données, algorithmes et ordinateurs*

L'intelligence artificielle résulte de l'association de données, d'algorithmes et d'ordinateurs. Cependant, elle se distingue fondamentalement de l'intelligence humaine. Un algorithme est en réalité assez simple, comparé à l'intelligence complexe de l'être humain. Il peut être assimilé à une recette de cuisine, des instructions pour assembler un meuble en kit ou les règles d'un jeu de société. Les algorithmes utilisés aujourd'hui en intelligence artificielle ont souvent été développés il y a plusieurs décennies, mais ils n'avaient pas encore trouvé de nombreuses applications, principalement en raison du manque de puissance des ordinateurs et du manque de données disponibles. Cependant, avec l'essor d'Internet, nous avons désormais accès à des milliards de textes, de photos et de données personnelles. En parallèle, les ordinateurs ont continué leur progression fulgurante en termes de puissance de calcul, notamment grâce aux cartes graphiques. Cette évolution leur permet de traiter d'énormes volumes de données, notamment en matière d'images. Par exemple, pour la reconnaissance d'images, lorsque l'objectif est de différencier des chats et des chiens, les ordinateurs apprennent à le faire en observant des millions d'images et en assimilant les erreurs et les réussites passées. En revanche, un enfant n'a besoin que de voir quelques chats et chiens pour réussir à les distinguer. De même, les ordinateurs peuvent battre les humains à des jeux complexes comme les échecs ou le jeu de go. Ils s'entraînent en jouant des millions de parties contre eux-mêmes, créant ainsi de vastes ensembles de données pour optimiser leurs futurs mouvements. Cependant, nous, humains, n'apprenons pas à jouer au go ou aux échecs de cette manière. Un autre exemple se trouve dans le domaine médical, où l'intelligence artificielle peut réaliser des diagnostics performants de certains cancers en reconnaissant des images. Cependant, il est important de noter que l'ordinateur ou le programme ne "comprend" pas ce qu'est réellement un cancer, contrairement à la compréhension profonde que peut avoir un médecin.

2.1.5 Les quatre disciplines clés de la création de l'intelligence artificielle

La création de l'intelligence artificielle est le résultat de la convergence de quatre disciplines clés. Le premier pilier est l'informatique, essentielle pour le traitement, le classement et l'automatisation des informations. Le second est les mathématiques, indispensables pour l'analyse, la modélisation et l'organisation des données. Le troisième pilier est les sciences cognitives, qui nous aident à comprendre le fonctionnement physiologique de l'esprit humain, y compris le cerveau et le système nerveux central. Le quatrième pilier est les sciences du langage, qui jouent un rôle crucial dans l'évaluation de l'intelligence, la représentation conceptuelle et les interactions sociales. L'association de ces quatre domaines a permis la réalisation du projet d'intelligence artificielle.

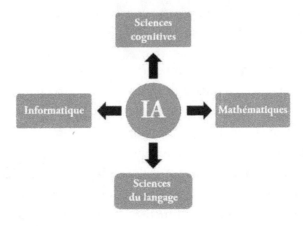

Figure 4: les 4 sciences de l'IA

2.2 Différents Types d'Algorithmes de l'IA

Comme le montre la figure 5, les recherches en IA sont fragmentées en un grand nombre de sous-domaines, ayant pour certains une très grande autonomie donc plusieurs sous -domaines tels que l'apprentissage artificiel, le raisonnement, les systèmes multi -agents, la perception, la compréhension du langage, la représentation des connaissances, la vision par ordinateurs et la robotique...

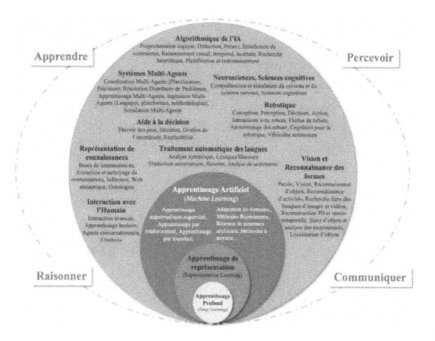

Figure 5: L'IA est un très vaste domaine qui s'intéresse à diverses questions autour de 4 dimensions : percevoir, apprendre, raisonner et communiquer.

2.2.1 La Démocratisation du Machine Learning

L'avènement du Machine Learning marque une véritable démocratisation de l'apprentissage automatique, au cœur de ces avancées extraordinaires. Cette discipline informatique permet aux systèmes de tirer des enseignements à partir d'exemples, ouvrant ainsi de nouvelles perspectives dans divers domaines. Bien que le Machine Learning existe depuis plus de 50 ans, il a connu une véritable expansion au cours des dix dernières années, passant des laboratoires de recherche aux géants du web, notamment les GAFA (Google, Apple, Facebook et Amazon). De nos jours, le Machine Learning se répand dans des entreprises de toutes tailles, offrant une aide précieuse pour analyser d'énormes volumes de données et en extraire des informations utiles (data mining). Il s'avère également utile pour détecter automatiquement les anomalies de production, identifier les tentatives de fraude, segmenter les bases de clients afin d'améliorer le ciblage des offres, prévoir les ventes et d'autres séries temporelles, ou encore classer automatiquement les prospects à contacter en priorité. L'éventail d'applications ne cesse de s'élargir chaque jour. Cette démocratisation rapide du Machine Learning repose principalement sur trois facteurs :

- La numérisation généralisée des entreprises depuis longtemps, leur permettant d'accéder à des masses de données facilement disponibles en interne et sur Internet.

- La démocratisation de la puissance de calcul nécessaire pour l'apprentissage automatique. Grâce à la loi de Moore[20] et à l'essor de l'industrie du jeu vidéo, il est désormais possible d'acquérir à des coûts abordables des cartes graphiques équipées de processeurs GPU capables de réaliser des milliers de milliards de calculs par seconde. Cela contraste avec le passé, où des superordinateurs similaires coûtaient des millions de dollars. De plus, la location de machines virtuelles dans le cloud offre une alternative intéressante pour ceux qui ne souhaitent pas investir dans du matériel.

- L'ouverture croissante de la communauté scientifique, qui facilite le partage des découvertes au monde entier via des plateformes comme https://arxiv.org. Les idées scientifiques peuvent désormais être publiées et utilisées massivement en entreprise la même année. Les géants du web tels que les GAFA rivalisent pour publier des logiciels libres, non seulement pour valoriser leur image de marque, mais aussi pour promouvoir leurs outils et solutions de cloud. Cette effervescence conduit à la prolifération de logiciels libres de haute qualité dédiés au Machine Learning[21].

---

[20] https://www.journaldunet.fr/web-tech/dictionnaire-du-webmastering/1203331-loi-de-moore-definition-traduction/

[21] https://www.lemagit.fr/conseil/7-algorithmes-a-connaitre-en-2021-fonctionnalites-differences-principes-et-applications

Ainsi, le **Machine Learning**[22] connaît une démocratisation sans précédent, permettant aux entreprises de toutes tailles de tirer profit de cette technologie pour accroître leur efficacité, prendre des décisions éclairées et rester compétitives dans un monde en constante évolution.

2.2.2 L'émergence des réseaux neuronaux[23]

L'apprentissage automatique repose sur une multitude d'outils issus de divers domaines de recherche, notamment l'optimisation, les statistiques, l'algèbre linéaire, la robotique, la génétique et, bien entendu, les neurosciences. Ces dernières ont inspiré la création des réseaux de neurones artificiels (RNA), des modèles simplifiés des réseaux neuronaux biologiques qui forment notre cortex cérébral, introduits en 1943, il y a plus de 70 ans ! Après quelques années de tâtonnements, les chercheurs ont réussi à enseigner à ces réseaux de nombreuses tâches, y compris la classification et la régression (prédiction d'une valeur basée sur plusieurs paramètres). Cependant, lorsqu'ils n'étaient constitués que de quelques couches de neurones, les RNA semblaient seulement capables d'apprendre des tâches élémentaires. Et lorsqu'on tentait d'ajouter plus de

---

[22] Machine Learning (ML) : Le ML est une branche de l'IA qui se concentre sur l'entraînement des machines pour qu'elles apprennent à partir des données et améliorent leur performance sans être explicitement programmées. Les algorithmes de ML sont généralement classés en trois catégories principales : l'apprentissage supervisé, l'apprentissage non supervisé et l'apprentissage par renforcement.

[23] Deep Learning avec Keras et TensorFlow Mise en œuvre et cas concrets- 2e édition- 2019- Aurélien Géron-édition Dunod

couches de neurones, on rencontrait des problèmes qui semblaient insurmontables à l'époque : ces réseaux neuronaux "profonds" nécessitaient une puissance de calcul colossale, des quantités astronomiques de données, et surtout, ils cessaient d'apprendre après seulement quelques heures de formation, sans raison apparente. Découragés, la plupart des chercheurs ont abandonné l'étude des réseaux de neurones, le connexionnisme, pour se tourner vers d'autres techniques d'apprentissage automatique qui semblaient plus prometteuses, comme les arbres de décision ou les machines à vecteurs de support (SVM). Seuls quelques chercheurs déterminés ont continué leurs recherches : à la fin des années 1990, l'équipe de Yann Le Cun[24] a réussi à créer un réseau de neurones à convolution (CNN, ou ConvNet) capable d'apprendre à classer très efficacement des images de caractères manuscrits. Mais la méfiance était encore là : il en fallait plus pour que les réseaux de neurones soient de nouveau acceptés. Enfin, une véritable révolution a eu lieu en 2006 : Geoffrey Hinton et son équipe ont mis au point une technique capable de former des réseaux neuronaux profonds, et ont démontré qu'ils pouvaient apprendre à effectuer toutes sortes de tâches, bien au-delà de la classification d'images. Le Deep Learning[25] était né.

---

[24] https://www.coe.int/fr/web/artificial-intelligence/history-of-ai

[25] Deep Learning (DL) : Le DL est une sous-catégorie du ML qui crée des réseaux de neurones artificiels complexes pour permettre à une machine d'apprendre à travers de grandes quantités de données. Les applications du DL incluent la reconnaissance vocale, la reconnaissance d'image, la traduction automatique, etc.

2.2.3 Qu'est-ce que l'apprentissage automatique ?

L'apprentissage automatique est la science (et l'art) de programmer les ordinateurs pour qu'ils puissent apprendre à partir de données. Voici une définition plus générale : "L'apprentissage automatique est la discipline qui donne aux ordinateurs la capacité d'apprendre sans qu'ils soient explicitement programmés". Arthur Samuel, 1959 Et voici une autre définition plus technique : "On dit qu'un programme informatique apprend à partir d'une expérience E si ses performances sur une tâche T, mesurées par P, s'améliorent avec l'expérience E". Tom Mitchell, 1997[26]

2.2.4 Les Différentes Catégories de l'Apprentissage Automatique

Votre filtre anti-spam, par exemple, est un programme d'apprentissage automatique qui peut apprendre à identifier les e-mails frauduleux à partir d'exemples de spam (par exemple, ceux signalés par les utilisateurs) et de messages normaux (parfois appelés "ham"). Les exemples utilisés par le système pour son apprentissage constituent le jeu d'entraînement. Chacun d'eux s'appelle une observation d'entraînement. Dans ce cas, la tâche T consiste à identifier les nouveaux e-mails qui sont frauduleux, l'expérience E est constituée par les données d'entraînement, et la mesure de performance P doit être définie. Vous pourriez choisir, par exemple, le pourcentage de courriels correctement classés. Cette

---

[26] https://ojs.aaai.org/aimagazine/index.php/aimagazine/article/view/1303

mesure de performance particulière, appelée exactitude, est souvent utilisée dans les tâches de classification. Pour cette tâche de classification, l'apprentissage nécessite un jeu de données d'entraînement "étiqueté", c'est-à-dire que chaque observation est accompagnée de la réponse souhaitée, appelée étiquette ou cible. On parle dans ce cas d'apprentissage supervisé. Une autre tâche très courante pour un système d'apprentissage automatique est la tâche de "régression", c'est-à-dire la prédiction d'une valeur. Par exemple, on peut chercher à prédire le prix de vente d'une maison en fonction de divers paramètres (sa superficie, le revenu médian des habitants du quartier...). Comme pour la classification, il s'agit d'une tâche d'apprentissage supervisé : le jeu de données d'entraînement doit comporter, pour chaque observation, la valeur cible. Pour mesurer la performance du système, on peut par exemple calculer l'erreur moyenne commise par le système. Il existe également des tâches d'apprentissage automatique pour lesquelles le jeu d'entraînement n'est pas étiqueté. On parle alors d'apprentissage non supervisé. Par exemple, si l'on souhaite construire un système de détection d'anomalies (par exemple, pour détecter les produits défectueux dans une chaîne de production, ou pour détecter des tentatives de fraude), on n'a généralement que très peu d'exemples d'anomalies, il est donc difficile d'entraîner un système de détection supervisé. Dans ce cas, on peut entraîner un système non supervisé à apprendre les caractéristiques normales des produits, de sorte qu'il puisse détecter ceux qui semblent anormaux.

Une autre tâche courante pour les systèmes d'apprentissage non supervisé est le clustering (ou regroupement). Par exemple, on peut vouloir regrouper les clients en différents segments, en fonction de leur comportement d'achat. Il est également courant d'utiliser des techniques d'apprentissage non supervisé pour la visualisation de données : en réduisant la dimensionnalité des données à deux ou trois dimensions, on peut souvent obtenir une vue intéressante des données qui peut révéler des structures cachées.

Il existe aussi une troisième catégorie d'apprentissage automatique, appelée apprentissage par renforcement. Dans ce cas, un agent apprend à effectuer une tâche en interagissant avec un environnement. À chaque étape, l'agent peut effectuer certaines actions, et reçoit en retour une récompense (positive ou négative). L'objectif est de trouver une stratégie, appelée politique, qui maximise la récompense totale. Par exemple, on peut utiliser l'apprentissage par renforcement pour entraîner un robot à marcher, ou une IA à jouer à un jeu de société.

2.2.5 L'Apprentissage Automatique au cœur de divers domaines

Enfin, il est à noter que l'apprentissage automatique est souvent utilisé comme un outil dans de nombreux domaines de recherche et d'application, notamment la reconnaissance de formes, la vision par ordinateur, le traitement du langage naturel, la bioinformatique, la recherche sur le web, l'informatique médicale, la finance, l'analyse de réseaux sociaux, la robotique, etc. De plus, l'apprentissage automatique est également utilisé pour améliorer la performance et l'efficacité des systèmes informatiques, par exemple pour optimiser les algorithmes de recherche, ou pour personnaliser les interfaces utilisateur.

2.2.6 Le Deep Learning : Histoire et Fondements

Le Deep Learning, une branche du "Machine Learning" ou Apprentissage automatique, trouve ses racines dans les années 1950 grâce à l'œuvre du mathématicien britannique Alan Turing[27]. Turing est considéré comme le père de l'informatique moderne, ayant conçu la première machine capable d'apprendre. Ce fut le tremplin pour le développement de nouvelles méthodologies de Machine Learning, incluant l'élaboration de divers algorithmes qui peuvent apprendre et se perfectionner indépendamment.

Parmi ces techniques figure la création d'un réseau neuronal artificiel, modèle basé sur le fonctionnement du cerveau humain et qui constitue le fondement du Deep Learning. Malgré un essor dans les années 1980, le Deep Learning n'a pas immédiatement suscité un engouement massif, principalement dû à la pénurie de données disponibles pour les machines. Cependant, deux décennies plus tard, cette situation a radicalement changé, propulsant le Deep Learning sur le devant de la

---

[27] https://ystory.fr/places/united-kingdom/grand-londres/coulsdon/inventeur/alan-turing/

scène technologique.

2.2.7 Comment Fonctionne le Deep Learning ?

Le Deep Learning recourt à l'apprentissage supervisé, qui consiste à fournir à un programme des milliers de données étiquetées à classifier. Ce processus d'apprentissage peut nécessiter plusieurs heures, jours, voire semaines, avec comme objectif final l'identification précise d'un objet donné (par exemple, identifier une voiture).

Le Deep Learning s'appuie sur un réseau de neurones artificiels, inspiré de celui du cerveau humain. Chez l'homme, chaque neurone reçoit jusqu'à cent mille signaux électriques de ses voisins. Dans un réseau artificiel, des signaux, interprétés comme des "poids", circulent également entre les neurones. Un neurone recevant un poids plus important exerce une influence plus significative sur ses voisins. Le Deep Learning est un réseau à plusieurs couches, d'où le terme "apprentissage profond". Chaque couche (pouvant aller jusqu'à vingt) affine la compréhension de l'information, progressant vers des concepts de plus en plus précis. La couche finale donne la réponse.

On perçoit ainsi mieux l'importance des données : plus elles sont abondantes, plus le programme peut se raffiner, gagner en précision et saisir toutes les nuances de chaque objet. Avec l'avènement des réseaux sociaux et des milliards de données partagées chaque jour à travers le monde, le Deep Learning évolue à une vitesse fulgurante, révolutionnant le domaine de l'Intelligence Artificielle.

Mais alors, à quoi sert concrètement le Deep Learning ?

De nos jours, le Deep Learning est utilisé dans une multitude d'applications et de technologies que nous utilisons quotidiennement. Par exemple, Google Maps qui peut identifier les numéros des rues sur une image, Facebook pour la reconnaissance faciale, Siri pour comprendre la voix et adapter ses réponses, Skype ou Google Traduction qui traduisent les conversations en temps réel. Et la liste continue.

2.2.8 Les défis du Deep Learning

Nous sommes témoins d'une véritable révolution dans le monde de l'Intelligence Artificielle, avec le Deep Learning qui progresse de façon exponentielle et à une rapidité vertigineuse. De nombreux secteurs s'y intéressent, dont le domaine médical, scientifique, la recherche, l'automobile, l'industrie, le domaine militaire... Les réseaux de neurones artificiels deviennent de plus en plus précis et efficaces. Plus les "couches" sont ajoutées, plus les machines deviennent autonomes et sensibles, avec des capacités décuplées !

DEUXIEME PARTIE
Manipulation Cognitive : Définitions et Impacts

Vous le comprenez sûrement. À moins d'être un ermite vivant dans les montagnes toute votre vie, il y a des tonnes de données là-bas sur vous et il n'y a rien que vous puissiez faire pour les stopper ou les contrôler. Les masses de données proviennent d'un peu partout, et elles peuvent être manipulés par de bonnes (ou mauvaises) mains pour construire des connaissances qui font frissonner sur votre vie, vos motivations et vos habitudes.

« Big Data Or Big Brother? », Forbes, 3 mars 2015

L'EMPREINTE INVISIBLE

CHAPITRE 3
Introduction

L'EMPREINTE INVISIBLE

3.1 Vers une compréhension cognitive : L'intelligence artificielle dans le contexte de la cognition humaine

La conception même de l'intelligence artificielle (IA) symbolise l'avancement technologique en matière de robotique ainsi que l'évolution des traitements algorithmiques.

L'intelligence artificielle (IA) est loin d'être un domaine de recherche limité. Au contraire, elle incarne un vaste programme qui gravite autour d'une aspiration audacieuse : décrypter les mécanismes de la cognition humaine pour les répliquer, afin de concevoir des processus cognitifs similaires à ceux des humains (Villani, 2018). Son objectif est d'automatiser les comportements considérés comme intelligents, tels que le raisonnement, l'analyse d'informations, la planification, l'apprentissage, la communication, la manipulation et même de créer, de rêver et de percevoir.

3.2 IA et communication : L'impact de l'intelligence artificielle sur les stratégies publicitaires

Dans le domaine publicitaire, l'IA a permis d'étudier et de comprendre les processus de manipulation cognitive. Au fil des vingt dernières années, une multitude d'études ont permis de révéler et de mieux appréhender les processus inconscients en jeu dans la réception et l'influence des messages publicitaires. L'essor de l'intelligence artificielle (IA) a également introduit un nouveau domaine d'étude concernant la manipulation cognitive. Les travaux ont été menés soit dans le cadre de recherches fondamentales sans visées applicatives (comme par exemple en sciences de l'information et de la communication, Courbet, Vanhuele et Lavigne, 2008), soit dans celui de recherches appliquées (comme c'est le cas avec Nordhielm, 2002). Par exemple, elle a révélé que des messages publicitaires simples, concis et répétés, perçus avec un faible investissement cognitif, facilitent la perception et la mémorisation d'une marque. Les consommateurs ne remarquent généralement pas cet effet de "simple exposition", qui est amplifié par des algorithmes intelligents optimisant la fréquence et le contenu des messages. Par ailleurs, l'IA peut ajuster le contenu publicitaire pour éviter la saturation, même lorsque la fréquence de diffusion augmente. Des modèles de machine learning, capables de comprendre et d'anticiper les réactions émotionnelles, peuvent amplifier cet effet d'assimilation qui s'opère de façon inconsciente et rapide dans la mémoire (Meyers-Levy et Sternthal, 1993). Grâce à l'IA, les spécialistes en communication peuvent ainsi choisir de sponsoriser des événements ou des programmes télévisés qui génèrent des émotions positives plutôt que ceux associés à des émotions négatives. Ces avancées sont déjà intégrées dans les stratégies médiatiques de certaines agences de communication.

3.3 L'emprise de la technologie : Addiction et habitudes dans l'ère du smartphone

Selon une récente étude, 80 %[28] des détenteurs de smartphones activent leur appareil dans les quinze minutes suivant leur réveil. De façon encore plus surprenante, un tiers des Américains confessent qu'ils préféreraient renoncer à l'intimité plutôt que de perdre leur téléphone mobile. Une recherche universitaire[29] suggère que les gens consultent leur téléphone une moyenne de 34 fois par jour, tandis que les experts du domaine estiment ce chiffre à environ 150 consultations quotidiennes.

L'étude indique une dépendance croissante à nos smartphones, avec une utilisation compulsive qui oscille entre la vérification de messages et la navigation sur des plateformes telles que YouTube, Facebook ou Twitter. Cette utilisation a évolué pour devenir une habitude, définie par les psychologues cognitifs comme un

---

[28]https://reform.be/Wordpress/wp-content/uploads/2019/01/ReForm-Enqu%C3%AAte-Smartphones-2016-WEB.pdf
[29] Oulasvirta A., Rattenbury T., Lingyi M. et Eeva R., « Habits Make Smart-phone Use More Pervasive », Personal Ubiquitous Comput. 16, n° 1, janvier 2012, pp. 105-114. doi :10.1007/s00779-011-0412-2

comportement automatique déclenché par des signaux situationnels". Les produits et services que nous utilisons par habitude influencent notre comportement quotidien, et cela correspond parfaitement à l'objectif de leurs créateurs[30]. Nos actions ont été modelées et façonnées.

3.4 Création d'habitudes : L'arme secrète des entreprises de technologie pour rester pertinentes

La création de ces habitudes est fondamentale pour de nombreux produits numériques, car les entreprises ont réalisé que leur valeur économique est directement liée à la force des habitudes qu'elles instaurent. Pour fidéliser leurs clients, elles doivent non seulement comprendre ce qui les incite à interagir avec leurs produits, mais aussi ce qui les passionne.

3.5 Le paysage numérique des jeunes

L'association Génération Numérique a réalisé une étude en ligne durant deux mois en 2018[31], recueillant plus de 11 000 réponses de jeunes âgés de 11 à 18 ans. Parmi les résultats, Snapchat, YouTube et Instagram sont les réseaux sociaux les plus utilisés par cette tranche d'âge, reléguant Facebook à la quatrième place. Cela met en évidence l'intérêt des jeunes pour la vidéo et les formats

---

[30] Pour un cadre descriptif d'autres comportements automatiques, voir : Bargh John A. « The Four Hor-semen of Automaticity : Awareness, Intention, Efficiency, and Control » dans « Social Cognition » dans Handbook of Social Cognition, Vol. 1, Basic Processes ; Vol. 2, Applications (2e éd.), publié par R. S. Wyer et T. K. Srull, Hillsdale, NJ, England, Lawrence Erlbaum Associates, Inc., 1994, pp. 1-40

[31] Etude-Gereration-Numerique-janvier-2018.pdf (davidfayon.fr)

courts, avec une prédominance de l'utilisation de Snapchat chez les 15-18 ans. Le rapport note également que 60 % des 11-12 ans déclarent avoir un compte sur au moins un réseau social. Les utilisations principales des réseaux sont la communication avec la famille et les amis, la consultation de vidéos et la publication et le partage de contenus. Un utilisateur sur cinq a rencontré des problèmes de piratage de compte, illustrant le besoin d'éducation sur la sécurité numérique.

3.6 L'attrait de TikTok et les préoccupations associées

En ce qui concerne TikTok, cette application a réussi à créer une interface attrayante qui capte l'attention et incite à une utilisation prolongée et répétée. Elle utilise un algorithme très puissant qui comprend et prédit les préférences des utilisateurs, ce qui les incite à passer plus de temps sur l'application. Cependant, le problème avec cette approche est que le public le plus jeune peut ne pas être conscient des conséquences négatives possibles d'une utilisation excessive des médias sociaux. Ces conséquences peuvent inclure une altération du sommeil, une baisse de l'estime de soi, une augmentation de l'anxiété et de la dépression, ainsi que d'autres problèmes de santé mentale. Il y a certainement une prise de conscience croissante de ces problèmes, et certains réseaux sociaux ont commencé à mettre en œuvre des mesures pour aider à les atténuer. Par exemple, Instagram a annoncé en 2021 qu'il permettrait aux utilisateurs de désactiver les comptes à rebours pour les likes et les vues, ce qui peut aider à réduire la pression sociale et la comparaison.

En France, le problème de l'impact des réseaux sociaux sur les jeunes utilisateurs n'a pas été un sujet majeur dans la campagne présidentielle. Cependant, il est crucial que les dirigeants politiques et les décideurs reconnaissent l'importance de ce problème et prennent des mesures pour l'aborder. Les réseaux sociaux ont un impact considérable sur la vie de nombreux jeunes, et il est important de s'assurer qu'ils sont utilisés de manière bénéfique et non nuisible.

Les produits et services que nous utilisons par habitude influencent notre comportement quotidien, et cela correspond parfaitement à l'objectif de leurs créateurs[32]. Nos actions ont été modelées et façonnées.

3.7 Influences et implications du neuromarketing et de l'IA

On peut avoir des inquiétudes concernant l'impact du neuromarketing et de l'intelligence artificielle sur la liberté rationnelle des individus. Les technologies modernes, comme l'IA, exploitent les limites cognitives humaines pour influencer de manière subtile les comportements d'achat. Les consommateurs peuvent ressentir un faux sentiment d'autodétermination, pensant qu'ils ont fait un achat en toute liberté, alors qu'ils ont été inconsciemment

---

[32] Pour un cadre descriptif d'autres comportements automatiques, voir : Bargh John A. « The Four Hor-semen of Automaticity : Awareness, Intention, Efficiency, and Control » dans « Social Cognition » dans Handbook of Social Cognition, Vol. 1, Basic Processes ; Vol. 2, Applications (2e éd.), publié par R. S. Wyer et T. K. Srull, Hillsdale, NJ, England, Lawrence Erlbaum Associates, Inc., 1994, pp. 1-40

influencés par des algorithmes d'IA analysant leurs données comportementales. Les techniques de neuromarketing encouragent cette manipulation en incitant les publicitaires à déclencher des influences inconscientes sur les consommateurs. Les individus, pour justifier leur comportement, se trouvent souvent à attribuer a posteriori de "fausses raisons" ou "fausses causes" à leurs achats, ce qui renforce l'image socialement acceptable de leur décision.

3.8 L'évolution de l'exploitation des données

Une fois rassemblées, les données peuvent être exploitées de diverses manières par les opérateurs, comme l'ont illustré divers auteurs (Curry et al., 2014 ; Bulger, Taylor et Schroeder, 2014 ; Chignard et Benyayer, 2015). Occasionnellement, les données ne sont pas directement utilisées, mais deviennent un atout stratégique, influençant la totalité de la chaîne de valeur et la compétitivité. Toutefois, dans la majorité des cas, elles constituent un levier immédiat de création de valeur, monétisées ou utilisées comme outil d'optimisation de la prise de décisions ou de l'action de l'opérateur (notamment par le biais du marketing et de la personnalisation des services). Ces données peuvent être traitées par une entreprise pour améliorer ses services ou transmises à des annonceurs souhaitant atteindre les consommateurs de manière précise et efficace. L'industrie de l'exploitation des données à des fins marketing a connu une évolution constante. Il y a une dizaine d'années, il s'agissait principalement de vendre des coordonnées pour la prospection numérique, mais l'activité s'est complexifiée pour se focaliser sur la segmentation et la valorisation des profils d'utilisateurs. Grâce à l'élaboration de profils toujours plus précis, des formes de marketing et de publicité ciblées et personnalisées plus efficaces peuvent être mises en œuvre. Les technologies ouvrent de nouvelles perspectives dans la compréhension des utilisateurs, passant d'une approche "centrée sur le produit" à une vision axée sur l'utilisateur (le parcours client). Grâce à l'intelligence artificielle, il est possible de segmenter facilement les utilisateurs et de lancer des actions marketing très ciblées – que ce soit pour la fidélisation ou l'acquisition. En croisant de multiples données, les courtiers en données (ou "data brokers") peuvent fournir à leurs clients des listes de profils d'utilisateurs aux caractéristiques similaires qui constituent autant de segments de marché. L'utilisation de ces données ne se limite pas au marketing commercial : leur combinaison et leur profilage peuvent également faciliter la discrimination de la clientèle pour accorder des crédits, prévenir la fraude, évaluer les risques, moduler les tarifs d'assurance et même effectuer du ciblage politique, comme l'établissement de profils d'électeurs lors d'une campagne électorale.

3.9 Le rôle des courtiers en données

Dans certains cas, les données peuvent également être transmises ou vendues directement à d'autres acteurs, annonceurs ou intermédiaires de données. Les données, en tant que matière première, sont alors monétisées directement via diverses transactions. Cela a conduit à l'émergence d'un nouveau métier, celui des courtiers en données (ou "data brokers"). Ce terme, apparu il y a environ vingt ans sans renvoyer à une définition juridique précise, regroupe des intermédiaires qui collectent, agrègent, croisent, enrichissent et transforment des données pour les revendre ou vendre les résultats de leurs traitements selon les besoins des entreprises clientes.

Pour assurer la quantité et la qualité des données recueillies, ces courtiers tirent parti de diverses sources : des ressources accessibles à tous (blogs, registres publics, données géographiques ou démographiques, etc.), les informations laissées par les internautes eux-mêmes, notamment sur les réseaux sociaux, et des sources commerciales, comme l'inscription à des sites web, ou l'achat de données à d'autres intermédiaires.

Cette activité est particulièrement développée aux États-Unis où neuf entreprises majeures (Acxiom, Corelogic, Datalogix, eBureau, ID Analytics, Intelius, PeekYou, Rapleaf et Recorded Future) détiennent des informations sur 1,5 milliard de consommateurs dans une base de données qui comprend 700 milliards de données identifiant 3 000 segments de marché spécifiques, tels que "fan de sports d'hiver" ou "propriétaire d'un chien"

En France, bien que l'ampleur de ces activités soit moindre, elles constituent néanmoins un secteur économique dynamique. Ces courtiers en données jouent un rôle crucial dans la valorisation des données, en transformant une matière brute en un outil stratégique puissant pour une multitude d'entreprises et d'industries.

3.10 L'empreinte numérique : entre sécurité et surveillance

Les activités quotidiennes dans notre monde de plus en plus numérisé, y compris l'utilisation de l'email, des paiements numériques, des réseaux sociaux, des Pass Navigo, des cartes Vitale, et bien d'autres, nos activités quotidiennes, personnelles et professionnelles, impriment des traces persistantes dans le monde numérique. Ces traces, qui s'accumulent sans cesse, évoquent nos déplacements, nos échanges, nos écrits, nos loisirs, nos résultats scolaires, nos peines, nos achats, nos transactions bancaires, nos problèmes de santé, et plus encore. Toutes ces informations sont collectées et stockées quelque part, par une entité souvent inconnue, pour une durée indéfinie. Rien ne semble jamais totalement disparu, ce qui génère une profusion de données personnelles, formant une empreinte numérique complexe qui nous suit tout au long de notre vie. L'accumulation de ces informations personnelles par des entités souvent inconnues suscite un sentiment de malaise et rappelle l'image de la surveillance omniprésente de Big Brother dans "1984" de George

Orwell. La crainte d'un État totalitaire utilisant ces données est répandue, cependant, les démocraties modernes possèdent de nombreux contre-pouvoirs et l'exploitation effective de ces données nécessite des technologies d'intelligence artificielle sophistiquées. Plus que les États, ce sont les grandes entreprises qui possèdent ces données et qui maîtrisent les technologies pour les analyser qui représentent une menace potentielle. Les géants d'Internet, qui répondent principalement à leurs actionnaires, dominent dans ce domaine, surpassant même les gouvernements en termes de sécurité intérieure. Par exemple, les technologies de reconnaissance faciale de Google surpassent celles des autorités publiques. En outre, on observe une tendance croissante des États à faire appel aux grandes entreprises technologiques pour leur sécurité intérieure.

3.11 L'omniprésence des algorithmes

Presque un siècle plus tard, que signifie la technologie, plus précisément, l'essence des algorithmes dans notre contexte actuel ?

On pourrait les envisager comme des outils techniques omniprésents, infiltrant les moindres recoins de l'existence humaine. Conçus pour répondre à une gamme d'activités variées, ils s'appuient sur des expériences passées, identifiées, puis calculées : des achats, des préférences, des comportements, tous transformés en indicateurs d'une pratique répétitive possible. Ils sont fondés sur des perceptions non seulement des besoins individuels, de l'utile, mais aussi des relations interpersonnelles (autrement dit, des structures de domination sociale) et de la culture. La majorité des sphères de vie sont aujourd'hui gérées par les algorithmes qui sont chargés de les animer.

3.12 Les algorithmes : Architectes des architextes[33]

Les algorithmes sont devenus omniprésents dans notre vie quotidienne, influençant nos interactions et notre perception du monde. Ils offrent une vision du monde basée sur des données du passé, en réutilisant des informations collectées et en leur attribuant une signification via des modèles statistiques. Ces algorithmes structurent les architextes, des outils qui façonnent notre écriture et la présentation des informations. Ils déterminent l'ordre d'apparition des données, conditionnent notre perception de l'environnement et façonnent notre compréhension du monde en proposant des options basées sur des comportements passés. Ainsi, les algorithmes établissent une connexion entre les

---

[33] Dans ce contexte, les "architextes" pourraient être des textes considérés comme étant à la base ou à la structure d'un domaine ou d'une discipline spécifique. Ces textes pourraient être des références académiques, des œuvres classiques ou tout autre texte jugé essentiel dans le domaine concerné. Les "algorithmes" seraient des procédures ou des séquences d'instructions programmées qui permettent de traiter, analyser ou catégoriser ces architextes de manière automatique. Les algorithmes pourraient être utilisés pour organiser ces textes en fonction de leur pertinence, de leur chronologie, de leur thématique, ou d'autres critères spécifiques. Ainsi, l'idée principale de la phrase est que les algorithmes jouent un rôle dans la gestion, la classification ou l'organisation des textes considérés comme fondamentaux ou essentiels, qui sont désignés comme des "architextes".

données enregistrées et traitées et les architextes qu'ils complètent : ils génèrent une liste de choix et arrangent des objets selon une hiérarchie ("Si vous avez aimé ce produit, vous aimerez celui-ci ou peut-être celui-là"). Les algorithmes déterminent l'ordre d'apparition et conditionnent la perception de notre environnement. Ils façonnent, en quelque sorte, notre compréhension du monde, présentant des options fondées sur des préférences et des comportements antérieurs, anticipant nos désirs futurs en se basant sur des schémas passés. Cette réécriture constante de nos vies influence significativement nos décisions et transforme nos réalités sociales et culturelles. Les algorithmes structurent donc non seulement la façon dont les informations sont présentées, mais ils créent également des cadres de compréhension, redéfinissant notre rapport au monde et notre identité.

CHAPITRE 4
Les Rouages de la Manipulation Cognitive : Comprendre pour Mieux Se Protéger

La manipulation cognitive est une technique d'influence qui exploite les vulnérabilités de la cognition humaine, comme nos biais cognitifs, pour orienter notre pensée et modifier notre perception de la réalité. Historiquement utilisée dans la propagande et la publicité, elle a évolué avec la transformation digitale.

4.1 La manipulation dans le contexte digital actuel

Aujourd'hui, avec le contrôle des flux d'informations déplacé vers les plateformes sociales, cette manipulation s'intensifie. Les plateformes sociales, dont l'objectif est de capter notre attention, prévoir et influencer nos comportements pour des intérêts commerciaux ou politiques, exercent une autorité sur nous, nous transformant de consommateurs d'informations en produits, avec notre attention comme principale ressource. Nos normes culturelles, valeurs morales, et inclinations politiques sont influencées par ces plateformes pour servir leurs intérêts, mettant en question notre libre arbitre dans la consommation d'informations et la souveraineté de notre jugement, face à l'algocratie, le règne des algorithmes. La transformation digitale, intégrant la technologie numérique dans tous les aspects de la société, a modifié la diffusion et la consommation de l'information, permettant à la désinformation de se propager rapidement. Cela a conduit à des formes sophistiquées de manipulation cognitive, où les récits et les perceptions sont manipulés de manière ciblée.

4.2 Exploitation directe du cerveau par les algorithmes

Aujourd'hui, le monde est en plein essor technologique. Des avancées majeures ont été réalisées pour faciliter la vie quotidienne, stimuler l'économie et même guider des interventions médicales. Cependant, derrière ces avancées se cachent des ombres inquiétantes qui menacent notre capacité à fonctionner en tant que société équilibrée et informée.

De nombreuses études ont émergé, bien que beaucoup restent sous-médiatisées, mettant en évidence la manière dont des plateformes comme Facebook, Instagram et Google[343536]peuvent subtilement manipuler nos

---

[34] Zuboff S. Le capitalisme de la surveillance. Esprit [serial on the Internet]. 2019 : Available from: https://esprit.presse.fr/article/shoshana-zuboff/le-capitalisme-de-la-surveillance-42084.

[35]Citton Y. L'économie de l'attention. Nouvel horizon du capitalisme ? Paris : La Découverte ; 2014.

[36] O'Neil C. Algorithmes : la bombe à retardement (Préface de C. Villani) : Les Arènes ; 2018.

comportements grâce à l'intelligence artificielle. Tout en reconnaissant les contributions inestimables de ces plateformes à divers domaines, il est indéniable que l'Internet s'est transformé en une arène où la lutte pour notre attention est constante[37]. Par exemple, une étude publiée dans l'American Journal of Epidemiology a révélé une corrélation troublante entre l'utilisation excessive de Facebook et une augmentation de la prise de poids, ainsi qu'une diminution du bien-être mental et de la satisfaction personnelle.[38]

Ces découvertes ne sont pas isolées. En 2018, un rapport interne de Facebook a révélé que 64 % des utilisateurs qui ont rejoint des groupes extrémistes sur leur plateforme ont été influencés par les algorithmes de la plateforme pour le faire. Il est alarmant de constater que la plupart des hauts dirigeants de l'entreprise ont choisi d'ignorer ces résultats.[39] Des experts tels que Cathy O'Neil ont mis en évidence la dangerosité potentielle de ces algorithmes. Elle les compare à des "armes de destruction mathématique" qui risquent d'endommager notre jeunesse et nos institutions démocratiques. Le Big Data, lorsqu'il n'est pas réglementé, peut accentuer les inégalités, favoriser des opinions extrêmes, entraver le

---

[37] Stiegler B. Chapitre 6. L'attention, entre économie restreinte et individuation collective. In : Citton Y, editor. L'économie de l'attention. Paris : La Découverte ; 2014:121-35.

[38] Shakya HB, Christakis NA. Association of Facebook Use With Compromised Well-Being: A Longitudinal Study. American journal of epidemiology. 2017;185(3):203-11.

[39] Orlowski J. Derrière nos écrans de fumée. NetFlix ; 2020 ; Available from: https://www.netflix.com/fr/title/81254224.

dialogue et compromettre les processus démocratiques.[40] L'objectif sous-jacent de ces algorithmes est de captiver l'utilisateur. Ils sont conçus pour maintenir notre attention fixée sur les écrans, souvent pour des raisons publicitaires. Certains algorithmes vont même jusqu'à intervenir dans les interactions entre utilisateurs, amplifiant leurs désirs et leurs besoins innés, leur offrant l'illusion d'exister intensément.

Sur le plan neurologique, ces interactions déclenchent des réactions dans le circuit mésolimbique dopaminergique, provoquant une libération de dopamine qui incite à répéter l'expérience. Contrairement à la véritable joie, qui découle d'efforts personnels et renforce notre autonomie, cette satisfaction algorithmiquement induite réduit l'individu à une série de réflexes exploitables.[41][42]

Un autre aspect préoccupant est le phénomène de "bulle de filtrage". À mesure que nous naviguons sur le web, des moteurs de recherche comme Google enregistrent nos préférences, créant ainsi des profils qui prédisent nos futurs intérêts. Cela crée une cage informationnelle, où l'utilisateur est uniquement exposé à des informations qui renforcent ses croyances existantes. Eli Pariser, dans son ouvrage "The Filter Bubble", décrit comment cette

---

[40] Zuboff S. Le capitalisme de la surveillance. Esprit [serial on the Internet]. 2019 : Available from: https://esprit.presse.fr/article/shoshana-zuboff/le-capitalisme-de-la-surveillance-42084.

[41] Dimitriadis G. La jouissance comme concept psychanalytique et son potentiel destructeur sur l'organisme. hal-01468828 [serial on the Internet]. 2017 : Available from: https://hal.archives-ouvertes.fr/hal-01468828.

[42] Bazan A, Detandt S, Askari S. Proposition pour une physiologie de la jouissance. L'Évolution Psychiatrique. 2015 11/01;81.

isolation nous prive de nouvelles idées et d'expériences variées. Cela peut conduire à l'effondrement de l'altérité, un élément crucial pour la croissance personnelle et le bien-être psychologique.[43]

En fin de compte, il est essentiel de reconnaître et de combattre ces menaces pour préserver notre intégrité psychologique et sociale. Des documentaires tels que "Derrière nos écrans de fumée" soulignent les conséquences potentiellement mortelles de ces manipulations. Alors que nous continuons à progresser dans l'ère numérique, il est vital de veiller à ce que nos outils technologiques servent l'humanité plutôt que de la compromettre.

4.3 L'impact global de l'IA sur la société

Des algorithmes mondiaux menacent l'intégrité de notre société. Avec Google contrôlant 93 % du marché des navigateurs, et des géants comme Microsoft, Apple et Facebook dominant la scène technologique, leur influence s'étend bien au-delà des individus[44]. Un exemple frappant est le scandale Cambridge Analytica[45], une entreprise qui, lors de la campagne présidentielle de Trump en 2016, a manipulé les données de millions

[43] Pariser E. The Filter Bubble: What The Internet Is Hiding From You: Penguin Books ; 2012.

[44] Bataillon S, Denturck M. Numérique : le guide pour échapper à la mainmise des GAFAM. La Croix – l'Hebdo [serial on the Internet]. 2020 : Available from: https://www.la-croix.com/Sciences-et-ethique/Numerique-guide-echapper-mainmise-GAFAM-2020-09-26-1201116151.

[45] Kaiser B. L'affaire Cambridge Analytica : Les dessous d'un scandale planétaire (traduit par D. Loriot-Laville). Paris : HarperCollins France ; 2020.

d'utilisateurs à leur insu. Leurs méthodes incluaient la diffusion de fausses informations et des tactiques plus sinistres, comme l'a révélé leur dirigeant, Alexander Nix.[46]

Plus inquiétant encore, certains algorithmes sont conçus pour cibler directement notre système nerveux central, influençant ainsi nos comportements sans que nous en ayons conscience. Ces tactiques, qui créent une bulle centrée sur l'individu et encouragent des habitudes conditionnées, peuvent avoir des implications sérieuses pour la santé publique. Elles relèvent donc non seulement du domaine médical, mais aussi politique, car elles menacent l'intégrité même des sociétés.

Toutefois, le combat contre ces pratiques est ardu. Google, par exemple, a massivement investi dans le recrutement d'experts en IA ces dernières années, dominant ainsi les publications dans des revues scientifiques renommées. Ces efforts ne visent pas des objectifs altruistes comme la lutte contre la faim ou la réduction des émissions de carbone. Au lieu de cela, ces scientifiques sont chargés de déchiffrer et de capitaliser sur l'expérience humaine, transformant nos vies en données pour générer des profits grâce à la prédiction, l'influence et le contrôle des comportements.

---

[46] Audureau W. Ce qu'il faut savoir sur Cambridge Analytica, la société au cœur du scandale Facebook. Le Monde [serial on the Internet]. 2018: Available from: https://www.lemonde.fr/pixels/article/2018/03/22/ce-qu-il-faut-savoir-sur-cambridge-analytica-la-societe-au-c-ur-du-scandale-facebook_5274804_4408996.html.

4.4 La manipulation cognitive : Une technique d'influence insidieuse

L'objectif peut varier - de la recherche d'un avantage personnel ou d'un gain de pouvoir, à la volonté de modeler l'opinion publique. La manipulation cognitive repose sur l'exploitation des vulnérabilités de la cognition humaine. Elle joue sur nos biais cognitifs innés, ces erreurs systématiques de pensée qui affectent les décisions et jugements que nous portons sur nous-mêmes et sur le monde qui nous entoure.

4.5 Biais cognitifs : les outils de la manipulation

Notre cognition est façonnée par un réseau complexe de processus cognitifs, comme nos croyances, attitudes, valeurs et perceptions, qui peuvent être exploités pour la manipulation. L'un des biais cognitifs exploitables est le biais de confirmation, qui nous fait privilégier l'information qui confirme nos croyances et ignorer celle qui les contredit. Les manipulateurs peuvent utiliser ce biais en fournissant des informations qui renforcent nos croyances existantes et en négligeant celles qui pourraient les contredire. Dans le marché de l'attention actuel, les informations sont structurées par des algorithmes pour augmenter la demande, créant un écart entre nos croyances et la réalité, et une fragmentation idéologique de nos sociétés. Par exemple, un biais de confirmation peut conduire une personne à rechercher et privilégier les informations qui renforcent ses croyances existantes, rejetant celles qui les contredisent.

Historiquement, la manipulation cognitive est loin d'être un nouveau phénomène. De la propagande utilisée par les gouvernements pour influencer l'opinion publique, à la publicité cherchant à influencer nos préférences de consommation, elle a été un levier d'influence puissant.

4.6 De la propagande à la désinformation numérique : L'évolution de la manipulation cognitive

Cependant, avec l'avènement de la transformation digitale (TD), le paysage de la manipulation cognitive a évolué de manière significative. La manipulation cognitive trouve son fondement dans divers champs d'études tels que la psychologie, la sociologie, la communication, la politique, le marketing, entre autres.

4.7 La théorie de l'engagement : Un concept clé derrière la manipulation cognitive

L'un des principaux concepts sous-jacents à cette manipulation est la théorie de l'engagement. Selon cette théorie, lorsqu'une personne s'engage dans une action ou adopte une croyance, elle a tendance à maintenir cet engagement, même face à des informations contradictoires. Les manipulateurs cognitifs peuvent utiliser cette tendance pour renforcer leurs objectifs.

En outre, il convient de noter que la manipulation cognitive peut avoir des objectifs différents. Elle peut être utilisée pour influencer les décisions des individus, que ce soit dans le contexte de la consommation comme nous avons pu le voir en introduction, de la politique, des relations sociales, etc. Elle peut aussi être utilisée pour contrôler ou dominer une personne ou un groupe de personnes, dans des contextes plus nocifs, comme l'abus psychologique ou le totalitarisme. Enfin, la manipulation cognitive peut également être utilisée à des fins de persuasion, dans le but de convaincre quelqu'un d'adopter une certaine attitude, croyance ou comportement.

4.8 Autres biais exploitables

Mais la manipulation cognitive ne se limite pas au biais de confirmation. D'autres biais cognitifs, tels que le biais d'ancrage, le biais de disponibilité ou le biais d'auto-complaisance, peuvent également être exploités. Le biais d'ancrage, par exemple, est la tendance à trop s'appuyer sur la première information que nous recevons lors de la prise de décision. Un manipulateur peut exploiter ce biais en fournissant une première information qui oriente notre perception et notre jugement. De même, le biais de disponibilité, qui est la tendance à juger la probabilité d'un événement en fonction de la facilité avec laquelle nous pouvons nous rappeler d'exemples similaires, peut être exploité en fournissant des exemples choisis pour renforcer une certaine croyance ou attitude. L'auto-complaisance est un autre biais cognitive puissant, qui est la tendance à attribuer nos succès à nos compétences et nos échecs à des facteurs extérieurs. Un manipulateur peut exploiter ce biais en nous faisant croire que nos réussites sont dues à notre association avec lui ou son groupe, tout en attribuant nos échecs à des facteurs extérieurs ou à d'autres personnes.

4.9 La manipulation comme pouvoir social

La manipulation, en tant que forme de pouvoir social, est un sujet complexe qui mérite une attention particulière. Ce pouvoir peut être utilisé pour le bien, par exemple, dans le domaine du marketing où il sert à influencer les consommateurs vers des choix qui leur sont bénéfiques. Cependant, dans cet exposé, nous nous concentrons sur ses aspects négatifs, où la manipulation vise à contrôler ou à influencer le comportement d'une personne à des fins malveillantes ou égoïstes. Ces techniques peuvent être utilisées seules ou en combinaison pour induire en erreur, pour confondre, pour exploiter les peurs et les insécurités, pour créer une dépendance, pour isoler l'individu ciblé, et pour le faire douter de sa propre perception de la réalité. Le but ultime de la manipulation est de contrôler ou d'influencer le comportement de l'individu ciblé, en fonction des objectifs de l'agent manipulateur. Dans la plupart des cas, la manipulation cognitive est perçue comme une forme d'abus, car elle viole l'autonomie de l'individu et peut causer des dommages psychologiques considérables.

CHAPITRE 5
La manipulation cognitive à l'ère de la Technologie Digitale (TD)

L'explosion des technologies de l'information et de communication, bien qu'extraordinaire, pose des défis importants. Il devient difficile de distinguer l'information pertinente et utile au milieu d'un flot d'informations superflues, trompeuses ou manipulatrices. La vitesse effrénée de notre monde moderne et le rythme rapide de l'évolution technologique nous poussent à prendre des raccourcis intellectuels, nous laissant souvent désemparés face à la complexité du monde que nous avons créé. Cela nous expose à des pratiques de manipulation cognitive plus sophistiquées et nuisibles, amplifiées par l'ère de la transformation digitale (TD). La TD a non seulement révolutionné nos modes de communication, mais a aussi engendré un nouvel écosystème complexe susceptible d'être utilisé pour manipuler nos processus cognitifs. La possibilité d'une manipulation cognitive à grande échelle via la TD a des implications profondes pour l'individu et la société.

5.1 *Manipulation cognitive et MDM*

La technologie numérique (TD) a permis une diffusion

massive d'information, facilitant ainsi la manipulation cognitive et la MDM (Mal-information, Désinformation, Mis-information). Ces phénomènes, propres à notre ère de l'information, peuvent influencer la manière dont les individus perçoivent et interprètent l'information, souvent en exploitant les biais cognitifs. Les plateformes de médias sociaux peuvent rapidement propager de la mal-information, de la désinformation et de la mis-information, avec un impact potentiellement dévastateur sur les perceptions et comportements individuels et collectifs.

En outre, la TD permet la création de "deepfakes"[47], des contenus multimédias manipulés qui peuvent être utilisés pour propager la désinformation. Les effets de la manipulation cognitive et de la MDM peuvent être dévastateurs, influençant la politique, la santé publique, et exacerbant les divisions sociales. Chaque culture et époque a ses propres méthodes pour créer des illusions, des fabrications ou des versions altérées de la réalité. Selon Leone[48],ces méthodes ou "modalités sémiotiques" dépendent largement des outils et des technologies disponibles à une période donnée. Fondamentalement, les humains ont toujours eu la capacité d'inventer ou de créer des représentations qui ne correspondent pas nécessairement à la réalité telle qu'elle est perçue. Cependant, les outils que nous utilisons pour ce faire ont

---

[47] Ahmed Saifuddin(2020). Who Inadvertently Shares Deepfakes? Analyzing the Role of Political Interest, Cognitive Ability, and Social Network Size. Telematics and Informatics, vol. 57, pp. 1-10.
[48] Leone 2021, Prefazione

évolué avec le temps. Avec l'avènement des technologies numériques, des communications télématiques, et en particulier des avancées en matière d'intelligence artificielle et d'apprentissage profond, nous sommes maintenant à un tournant dans notre capacité à créer et à diffuser des faussetés. Les "deepfakes" [49] sont un excellent exemple de la manière dont la technologie a changé la dynamique de la création de faux contenus. La numérisation a permis à l'humanité d'entrer dans ce que l'on pourrait appeler l'ère du "faux absolu". La nature même de la technologie numérique signifie que tout élément de la réalité qui peut être représenté numériquement peut aussi être reproduit sans avoir de fondement dans la réalité concrète. Par exemple, une image numérique d'une personne vieillie peut être générée aujourd'hui, même si cette version vieillie de la personne n'existe pas encore dans la réalité. Le potentiel de la technologie numérique ne se limite pas à sa capacité à reproduire ou à manipuler des représentations. Sa puissance réside également dans sa capacité à disséminer ces représentations à une vitesse et une portée sans précédent. Une photo numériquement altérée d'une personne peut, par exemple, devenir virale sur les réseaux sociaux en un rien de temps, et cette image modifiée pourrait finalement devenir la représentation la plus reconnue de cette personne sur Internet. Un autre aspect fascinant de l'ère numérique est la façon dont les faux contenus sont créés. Dans le passé, la création de faux était souvent l'œuvre de faussaires, qui étaient ensuite

---

[49] Boush et al., 2015, Chesney et Citron, 2019, Westerlund, 2019

confrontés à des experts chargés de déterminer l'authenticité d'une œuvre. C'était un jeu de chat et de souris entre ceux qui créaient les faux et ceux qui essayaient de les démasquer. Cependant, avec l'avènement des algorithmes avancés et de l'apprentissage profond, ce jeu a changé. Aujourd'hui, de nombreux faux sont générés par des machines, des programmes qui peuvent produire des résultats largement imprévisibles et souvent indétectables même pour l'œil humain le plus averti. L'application de l'intelligence artificielle à la création de faux contenus est particulièrement préoccupante lorsqu'elle est utilisée pour manipuler des images de visages. Le visage, comme l'a noté Leone en 2021, est notre principal outil de communication interpersonnelle. Il est au cœur de la façon dont nous interagissons, communiquons et établissons des relations les uns avec les autres. Les manipulations des visages peuvent donc avoir des implications profondes pour la confiance, la communication et la manière dont nous percevons la réalité. Les progrès réalisés dans le domaine de l'IA, en particulier grâce à l'apprentissage automatique (ML) et aux réseaux neuronaux profonds (DNN), ont été des facteurs clés dans l'essor des deepfakes, selon diverses études (Chesney et Citron, 2019, Dwivedi et al., 2021, Kietzmann et al., 2020, Mirsky et Lee, 2021). Leur réalisme saisissant rend parfois leur distinction d'avec de véritables contenus médiatiques extrêmement complexe pour l'observateur humain. Ces manipulations peuvent être employées pour induire en erreur à grande échelle, entrainant de nombreuses répercussions pour les acteurs du marché, autant entreprises que consommateurs

(Europol, 2022, Luca et Zervas, 2016). En outre, une étude récente du University College London a classé ces contenus audio ou vidéo modifiés comme étant parmi les usages de l'IA les plus alarmants en termes de risques pour la sécurité, notamment vis-à-vis du crime ou du terrorisme (Caldwell et al., 2020). Néanmoins, cette technologie naissante recèle également d'immenses opportunités pour l'innovation en matière de création de contenu et d'engagement avec les audiences (Etienne, 2021, Farish, 2020, Kietzmann et al., 2020).

5.2 La désinformation : origines et conséquences

La désinformation est l'un des moyens les plus courants de manipulation cognitive. Les acteurs mal intentionnés créent et diffusent de fausses informations pour tromper le public et influencer leurs perceptions et leurs décisions. Par exemple, pendant les élections, des acteurs peuvent diffuser de fausses informations pour discréditer un candidat ou pour promouvoir un agenda politique. Cette désinformation peut être amplifiée par des bots[50] ou des comptes automatisés qui propagent rapidement et massivement les fausses informations, rendant difficile pour le public de distinguer le vrai du faux. les robots et les faux clics. Plus un site génère de trafic, plus il est

---

[50] Edwards, C., Edwards, A., Spence, P. R., & Shelton, A. K. (2014). "Est-ce un robot qui gère le flux de médias sociaux ? Test des différences de perception de la qualité de communication entre un agent humain et un agent bot sur Twitter", Computers in Human Behavior, 33, pp. 372-376.
Plotkina, D., Munzel, A., & Pallud, J. (2020). "Illusions de vérité - Aperçus expérimentaux sur la détection humaine et algorithmique de faux avis en ligne", Journal of Business Research, 109, pp. 511-523.

susceptible d'être bien classé. Il est donc possible de compter le nombre de clics sur une page web ou le nombre d'abonnés d'un influenceur. Mais sont-ils tous "réels" ? C'est à ce stade qu'il faut distinguer l'engagement (une personne interagissant avec nous) de l'audience (une personne est abonnée ou a cliqué), et surtout évaluer l'authenticité de l'interaction. Plusieurs méthodes sont employées à cet effet. La première est de rémunérer les "travailleurs du clic" qui passent leurs journées dans des "fermes à clics" à cliquer sur des vidéos, des photos, augmentant ainsi le trafic ou le nombre d'abonnés. On observe donc une augmentation de l'audience, et peut-être parfois de l'engagement, mais une grande partie pourrait ne pas être authentique en fin de compte. Par exemple, le site https://supremeboost.com/ propose d'acheter 500 000 abonnés pour 599 €. La deuxième méthode consiste à créer un programme informatique qui envoie automatiquement des messages. Souvent, l'objectif est d'influencer des individus ou de submerger l'information authentique avec de fausses données générées par le bot.

5.3 Les robots, faux clics et authenticité de l'interaction

La désinformation exploite une paresse intellectuelle naturelle, qui consiste à ne pas exercer son esprit critique de manière systématique, et à relayer des propos naïvement sans chercher à les étayer par des preuves. Nous avons tous tendance à privilégier les informations qui confirment nos hypothèses, nous confortent dans nos positions, et ne heurtent pas nos sensibilités : ce phénomène psychologique est communément appelé « biais de confirmation ». En publicité, cette faille est bien connue et exploitée : le succès d'une campagne publicitaire peut reposer sur l'engagement et la consistance d'un individu, c'est-à-dire sa tendance à rester fidèle à une opinion déjà formée[51]. La révolution numérique contribuerait ainsi, paradoxalement, à nous refermer sur nous-mêmes. Cela crée aussi un phénomène d'« information en cascade » : les utilisateurs relaient les informations postées par leurs proches sans nécessairement les vérifier ou même questionner leur validité. Plus l'information sera partagée, plus on tendra à lui faire confiance et moins on exercera son esprit critique. Cela favorise les contenus les plus divertissants ou scandaleux car ils sont les plus susceptibles de nous faire réagir, indépendamment de leur véracité. Ce modèle participe ainsi à la polarisation de l'opinion en réduisant la visibilité des contenus nuancés car jugés moins engageants. Ce modèle d'affaire est optimisé pour le profit plus que la vérité : il valorise les fausses nouvelles. Cela déclenche une course à la capture de l'attention. Les plateformes investissent des sommes colossales pour étudier nos mécanismes attentionnels et les failles de notre volonté. Facebook et Twitter ont été accusés d'avoir facilité, encouragé voire profité de la propagation de fausses informations lors d'événements politiques majeurs tels que l'élection présidentielle américaine de 2016[52], le Brexit et la campagne présidentielle française

---

[51] Joel J. Davis, *Advertising Research: Theory and Practice*, 2ₑ ed., Pearson, 2011.
[52] The Psychology of Fake News (sciencedirectassets.com)

de 2017. Certains estiment que les réseaux sociaux, en raison de leur fonctionnement et de leur impact sur la sphère publique, sont particulièrement vulnérables à la propagation de fausses informations, avec les élections comme moments propices à la propagande. Les réseaux sociaux ont pu tirer profit des "fake news" grâce à leur modèle publicitaire basé sur la promotion de contenus sponsorisés, même si leurs sources sont rarement vérifiées. Des contenus fallacieux, tels que des articles parodiques, des images modifiées ou des liens accrocheurs, exploitent la crédulité des internautes et bénéficient de la tendance des réseaux sociaux à favoriser le buzz et la viralité. Certains acteurs, dont Facebook, ont tenté de lutter contre ce phénomène en proposant des mesures de classification et de vérification de l'information. De nombreux sites d'informations et médias ont également lancé des initiatives similaires. Cependant, l'efficacité des actions privées et gouvernementales est remise en question, notamment en ce qui concerne les lois sur les fausses informations adoptées récemment. Ces lois suscitent des doutes quant à leur précision et à leur impact sur la liberté d'information. Il est souligné que la lutte contre les fausses informations nécessite des efforts supplémentaires au-delà de ces initiatives.

5.4 Les dangers associés aux excès

Le 14 octobre 2020, Gilles Babinet a pris la décision de supprimer son compte Facebook de façon irrévocable. Il avait d'ailleurs précisé qu'il n'avait plus fait usage de ce compte depuis deux ans et demi et incitait ses abonnés sur Twitter à faire pareil. Cette décision, selon lui, découle de son visionnement du documentaire « Derrière nos écrans de fumée ». Parmi une multitude de constatations, il citait : "Une recrudescence de la dépression et des suicides chez les adolescents aux États-Unis, un phénomène que les psychiatres américains associent directement à l'usage des réseaux sociaux". D'après Babinet, le documentaire révèle également les dynamiques fondamentales inhérentes à ces réseaux, comme la polarisation des idées politiques à l'échelle mondiale, une conséquence directe des bulles de confinement social, thème qui est bien abordé dans le documentaire. Il estime que ce genre de réseau est irréformable par ses créateurs et qu'il menace tout dialogue politique. Selon lui, notre coexistence pacifique est en péril. Il conclut : «*Nous sommes plus malheureux, nos enfants encore plus que nous. Notre démocratie est menacée. Notre aptitude à appréhender la complexité est diminuée quand elle devrait plutôt être renforcée face aux défis futurs. Que faisons-nous donc ?*[53]» Le documentaire, disponible sur Netflix, présente des pionniers de Facebook et d'autres entreprises numériques admettant «*ne pas avoir envisagé les conséquences néfastes*». L'un d'eux reconnaît : «*Quand j'étais chez Facebook, je croyais agir pour le bien de tous, je ne suis plus aussi sûr maintenant.*» Le produit est addictif : «*L'objectif est de vous garder constamment collé à l'écran, c'est la même tactique que celle des machines à sous : chaque fois que vous déverrouillez votre téléphone, vous avez une chance de décrocher le jackpot*»; «Les

---

[53] Messages postés par Gilles Babinet sur son compte Twitter le 14 octobre 2020

réseaux sociaux sont une drogue, ils créent une dépendance.»; «*Après 2011, l'automutilation chez les adolescents et préadolescents a augmenté respectivement de 62 % et de 82 %. Le nombre de tentatives de suicide a également considérablement augmenté, tout cela à cause des réseaux sociaux. Après l'école, ils restent rivés à leur écran.*» L'impact sur la jeunesse constitue un enjeu majeur et préoccupant. Cependant, le véritable souci ne se situe pas tant dans l'existence des réseaux sociaux, mais plutôt dans leur utilisation excessive. Il s'agit avant tout d'un défi d'éducation, d'apprentissage de la maîtrise, visant à inculquer une consommation modérée et réfléchie.

CHAPITRE 6
Effets de la manipulation cognitive sur la Société

La manipulation cognitive a un impact profond sur la société, affectant tout, de la prise de décision individuelle à la santé mentale, et même les équilibres géostratégiques.

6.1 Impact de la manipulation cognitive sur la prise de décision

La manipulation cognitive peut altérer la perception de la réalité et influencer la prise de décision. Elle peut induire des croyances fausses ou trompeuses, conduisant à des décisions mal informées ou erronées.

Un exemple de cela peut être observé dans le domaine de la publicité et du marketing où des techniques psychologiques sophistiquées sont utilisées pour influencer les consommateurs. Ces techniques peuvent être aussi simples que l'utilisation de couleurs attrayantes et de slogans accrocheurs, ou aussi complexes que le "nudging" (incitation douce), où de subtils signaux sont utilisés pour orienter le comportement des consommateurs. Dans de tels cas, la manipulation cognitive peut mener à des achats impulsifs ou non nécessaires, ce qui a un impact sur la santé financière des individus. En outre, la manipulation cognitive peut également avoir des conséquences plus graves, notamment en politique. Des tactiques de désinformation et de propagande peuvent être utilisées pour manipuler l'opinion publique et influencer les élections. Ces tactiques peuvent engendrer des divisions au sein de la société, menaçant la cohésion sociale et la stabilité.

Le trolling est l'une de ces techniques, dont l'usage va croissant. On parle d'un « nouveau phénomène », défini comme « l'usage par les États de campagnes ciblées de haine et de harcèlement en ligne pour intimider et réduire au silence des individus critiquant l'État[54] ». Les études de cas sont légion, selon ce que la théorie de la communication appelle une « spirale du silence[55] ». Le trolling plus ou moins étatique (dépendamment du degré de contrôle de l'État sur les trolls) n'est que l'une des actions que peuvent mener les « cybertroupes », définies comme « des équipes du gouvernement, des armées ou des partis politiques dont la mission est de manipuler l'opinion publique via les médias sociaux[56] ». Beaucoup d'États s'en sont dotés, y compris des États démocratiques, mais toutes ces structures ne sont évidemment pas comparables dans leurs activités.

---

[54] Carly Nyst et Nick Monaco, *State-Sponsored Trolling, op. cit.*, p. 1. Voir aussi Michael Riley, Lauren Etter et Bibhudatta Pradhan, *A Global Guide to State-Sponsored Trolling*, Bloomberg, 19 juillet 2018.

[55] SCRS, *Qui dit quoi ? Défis sécuritaires découlant de la désinformation aujourd'hui : points saillants de l'atelier*, Ottawa, février 2018, p. 88.

[56] Samantha Bradshaw et Philip N. Howard, *Troops, Trolls and Troublemakers: A Global Inventory of Organized Social Media Manipulation*, Computational Propaganda Research Project, Working paper n° 2017.12, University of Oxford, juillet 2017, p. 3.

Antoinette Rouvroy, en 2014, a exprimé ses inquiétudes sur une forme de "gouvernance algorithmique" et la place grandissante des algorithmes dans notre société. Cependant, ces systèmes d'IA, bien qu'efficaces, sont aussi vulnérables à des failles de sécurité, des attaques et des biais qui peuvent entraîner des discriminations. La protection des données est un autre défi majeur, en particulier pour les données stockées dans le cloud. La réglementation française est stricte dans le domaine de la santé, où seules certaines entreprises sont autorisées à stocker ces données. Les objets connectés augmentent le nombre de points d'accès potentiels pour les pirates informatiques, avec plusieurs incidents de sécurité déjà survenus. Les utilisateurs ont donc le droit de se questionner sur leur sécurité. La question de la confidentialité des informations personnelles est également préoccupante. Bien que nous puissions accepter de partager certaines informations, comme nos préférences alimentaires, il est plus problématique de diffuser des informations plus sensibles, comme notre état de santé ou notre domicile. Une maison qui peut être contrôlée à distance par une application peut également être manipulée par des individus mal intentionnés.

6.2 Manipulation cognitive et santé mentale

La manipulation cognitive peut également avoir un impact significatif sur la santé mentale[57]. L'un des exemples les plus évidents de ceci est le phénomène des "fake news" et de la désinformation. La surcharge

---

[57] https://www.frontiersin.org/articles/10.3389/fnins.2022.1024316/full#B19

d'informations et l'incapacité à distinguer le vrai du faux peuvent entraîner de l'anxiété, de la confusion et de la méfiance envers les institutions. De plus, certaines formes de manipulation cognitive peuvent conduire à des comportements autodestructeurs. Par exemple, la manipulation gaslighting, où une personne est amenée à douter de sa propre mémoire, de sa perception ou de sa santé mentale, peut entraîner une détresse émotionnelle grave et même des problèmes de santé mentale tels que la dépression et l'anxiété.

6.3 Manipulation cognitive et équilibres géostratégiques

Sur le plan géopolitique, la manipulation cognitive peut être utilisée comme outil de guerre de l'information. Les États peuvent diffuser de la désinformation et de la propagande pour semer le chaos chez leurs adversaires, affaiblissant ainsi leurs structures sociales et politiques. De plus, cette manipulation peut être employée pour influencer la politique étrangère, en façonnant l'opinion publique mondiale pour favoriser certaines décisions. Les manipulations de l'information, bien que virtuelles, ont des conséquences concrètes et parfois tragiques. Elles ont joué un rôle clé dans plusieurs élections majeures, ont déstabilisé d'importantes entreprises numériques, ont exacerbé de grandes crises diplomatiques. Cela a contraint les autorités à prendre des mesures drastiques, comme la suspension temporaire de l'accès à certaines plateformes numériques[58]. En réponse à ces défis, de

---

[58] Shweta Ganjoo, « Hindustan or lynchistan? May be Indians should not be

nombreux États se mobilisent et la société civile multiplie les initiatives pour se protéger. Parallèlement, une véritable économie de la désinformation se développe, avec ses usines à trolls, ses fermes à clics et ses entrepreneurs devenant millionnaires grâce à ces activités.

6.4 Comment la manipulation cognitive affecte la confiance en soi

La manipulation cognitive est un processus subtil qui peut affaiblir la confiance en soi d'un individu en suscitant des doutes sur son propre jugement et ses capacités. Cette manipulation peut prendre différentes formes, comme l'intimidation, la dévalorisation ou la flatterie excessive, toutes destinées à déstabiliser l'individu. Elle crée des doutes, invalide les émotions de l'individu et peut le pousser à l'isolement. Ces tactiques peuvent engendrer de l'anxiété, de la dépression, une prise de décision déficiente et un sentiment d'impuissance. Néanmoins, il est possible de résister à la manipulation cognitive en reconnaissant les tactiques employées, en établissant des limites claires, en cherchant du soutien et en travaillant à reconstruire la confiance en soi. Enfin, il est crucial d'éduquer le public sur ces tactiques et de renforcer les lois pour protéger les individus et les sociétés contre de telles manipulations. En septembre 2021, le Wall Street Journal[59] a rapporté

---

allowed to use WhatsApp », India Today, 2 juillet 2018
[59] https://www.wsj.com/articles/facebook-knows-instagram-is-toxic-for-teen-girls-company-documents-show-11631620739

que Facebook savait depuis mars 2020 que son réseau social Instagram nuisait à l'image corporelle des adolescentes, mais a choisi de ne pas en parler. Certains ont comparé cette attitude à celle de l'industrie du tabac qui a longtemps nié les effets cancérigènes de ses produits. Des études démontrent depuis longtemps qu'Instagram peut nuire aux adolescents. Près de 89 % d'entre eux sont en ligne presque constamment selon Pew Research Center. Ils utilisent largement Instagram, ce qui peut nuire à leur bien-être général, à leur confiance en soi et à leur image corporelle. Instagram est particulièrement dangereux pour deux raisons. Premièrement, il offre un accès facile aux images de célébrités et de pairs retouchées, poussant les adolescents à se comparer à des standards idéalisés. Deuxièmement, l'accent mis sur l'image corporelle peut inciter à une préoccupation excessive pour l'apparence et provoquer des complexes. Comparaisons négatives avec autrui et perception de soi en tant qu'objet de photo peuvent conduire à de graves conséquences, notamment des troubles alimentaires. Les parents peuvent aider en rappelant aux adolescents la distinction entre apparence et réalité et en les encourageant à interagir hors ligne. La question reste de savoir comment Facebook va gérer les retombées de ces découvertes. Historiquement, une politique d'évitement, similaire à celle adoptée par l'industrie du tabac, n'a pas été bien accueillie.

CHAPITRE 7
L'avenir de la manipulation cognitive

7.1. Le rôle prépondérant des grandes plateformes numériques et les mécanismes amplificateurs de manipulation : bots et trolls

L'avènement des technologies avancées telles que l'intelligence artificielle et l'apprentissage automatique a considérablement augmenté la sophistication et la prévalence de la manipulation cognitive. Cette évolution se manifeste particulièrement sur les grandes plateformes numériques – Google, Facebook, YouTube et Twitter – qui profitent d'effets de réseau significatifs. Ces "externalités positives de l'économie de l'information" attirent un large éventail d'abonnés captifs, faisant de ces plateformes des arènes privilégiées pour les campagnes de désinformation.

Les techniques de manipulation de l'information s'appuient sur l'utilisation stratégique de bots et de trolls, qui jouent un rôle crucial dans la diffusion accélérée de fausses nouvelles et l'engorgement des espaces de commentaires en ligne avec des contenus trompeurs. Ces acteurs, qu'ils soient automatisés ou semi-automatisés, utilisent des comptes factices sur des réseaux sociaux comme Twitter et Facebook pour propager rapidement ces informations erronées à travers des retweets et des likes. Les "faux comptes" sont soit des comptes gérés par des individus se faisant passer pour d'autres, soit des comptes entièrement automatisés, agissant comme les fantassins dans cette nouvelle forme de guerre informationnelle.

Par ailleurs, l'essor des applications de messagerie instantanée telles que WhatsApp et Telegram a ouvert de nouvelles voies pour la manipulation cognitive, permettant une diffusion massive de l'information dans un environnement où la modération est faible ou inexistante. Cette situation augmente considérablement la portée et l'impact des campagnes de désinformation, soulignant l'urgence de développer des stratégies de lutte efficaces contre ces pratiques malveillantes [60] [61].

---

[60] Renaissance numérique, *Plateformes et dynamiques concurrentielles*, note de décryptage, octobre 2015.

[61] Ben Nimmo, pour son audition devant le parlement singapourien (Select Committee on Deliberate Online Falsehoods – Causes, Consequences and Countermeasures, written representation 36, 22 février

Ils servent à amplifier les messages, introduire des hashtags, intimider ou bloquer d'autres utilisateurs. Les trolls, sont des individus réels qui relaient, saturent certains sites de commentaires, et/ou harcèlent. Cette activité est en partie institutionnalisée, mais elle est aussi exercée de façon autonome par des individus de toute nationalité. Dès 2012, les médias internationaux mettaient en évidence le rôle du mouvement des Nachi, jeunes nationalistes soutenant le président Poutine, dans des actions de trolling et de piratage. Les premières mentions d'une « usine à trolls » datent de 2013.

7.2 Stratégies de lutte contre la manipulation cognitive

Dans ce contexte, des stratégies pour lutter contre la manipulation cognitive sont nécessaires, comme l'éducation aux médias, le fact-checking, et l'amélioration de la transparence et de la responsabilité des plateformes numériques. Cependant, ces stratégies ne sont pas sans défis. L'éducation aux médias nécessite des ressources considérables et une mise en œuvre à grande échelle pour être efficace. Le fact-checking est un processus laborieux et ne peut pas toujours suivre le rythme de la désinformation qui est diffusée. De plus, la régulation des plateformes numériques soulève des questions complexes sur la liberté d'expression et la censure.

7.3 Les actions à prendre pour éviter une utilisation abusive de l'IA

L'intelligence artificielle, parce qu'elle est une technologie qui trouvera à s'appliquer sous de multiples formes et dans de multiples situations, va entraîner une nouvelle révolution industrielle. En ce sens, elle appelle une réponse politique globale, qui ne se cantonne pas aux seuls champs scientifique et économique et qui prépare l'ensemble de la société.

Trois éléments méritent une mise en avant particulière.

Tout d'abord, il est crucial de **souligner l'importance de la donnée.** Cette notion constitue en effet le fondement de la transition numérique que nous vivons depuis plusieurs décennies. L'avènement de l'intelligence artificielle marque une nouvelle étape, car les données sont désormais indispensables à l'apprentissage des algorithmes. Il en résulte que la gestion de ces données est cruciale, car elle conditionne non seulement la protection de la vie privée, mais aussi la puissance économique de ceux qui parviennent à en tirer profit.

Les logiciels actuels, malgré leur popularité médiatique, ne se révèlent capables que de tâches spécifiques et requièrent une quantité immense de données pour parvenir à un résultat satisfaisant. Par conséquent, l'IA dite "générale" ou "forte", capable de prendre en compte le contexte et d'apprendre à partir de quelques exemples, reste encore loin d'être atteinte.

Le déploiement de l'IA dans la société et l'économie

s'inscrit dans la continuité des transformations numériques des dernières années, englobant également les progrès de la robotique, de la réalité virtuelle ou augmentée, et s'intégrant dans l'économie des données dominée par les plateformes numériques américaines et asiatiques, la France et l'Europe étant en retard.

L'IA soulève des questions classiques, notamment en termes de protection des données personnelles, puisqu'elle nécessite l'accès à celles-ci pour réaliser des diagnostics personnalisés. Il est donc crucial de protéger la vie privée tout en exploitant pleinement le potentiel de l'IA. Elle pose également des questions éthiques et d'acceptabilité, où la responsabilité du concepteur de l'algorithme et l'impact des données utilisées pour l'apprentissage sont en jeu.

Enfin, l'IA soulève la question de **la transparence des interactions homme-machine et de l'explicabilité des décisions prises par les dispositifs automatiques.** Pour éviter tout accident ou erreur, il devra être possible de demander des explications sur les décisions prises, voire de déterminer les domaines où la décision finale doit être laissée à l'homme. Cette problématique doit être prise en compte dans la recherche accompagnant le déploiement de cette technologie.

Le deuxième point essentiel à mettre en avant est la nécessité de veiller à ce que la machine reste au service de l'humain. Les dispositifs techniques doivent en effet être conçus pour améliorer les capacités ou les conditions de travail des individus, et non pour accroître leur dépendance ou mécaniser leur travail. Dans le cas où l'humain intervient dans un processus, il doit conserver un pouvoir de décision, tandis que les décisions prises par la machine doivent être justifiables en fonction des éléments sur lesquels elle s'est fondée. En outre, il est important d'adapter les formations des travailleurs pour qu'ils puissent tirer parti de la machine plutôt que de se retrouver en concurrence avec elle, notamment dans le cas de tâches répétitives automatisées.

Enfin, troisième point crucial, **la méthode**. L'avènement de ces nouvelles technologies suppose un diagnostic partagé et des échanges entre les parties prenantes, à tous les niveaux, depuis l'individu jusqu'aux structures nationales et internationales, en passant par les entreprises, les branches professionnelles et les organisations syndicales. On en appelle ainsi à une large concertation sur l'intelligence artificielle et les transformations de l'emploi qui en découlent, afin de permettre aux organisations de s'approprier à la fois les potentiels et les limites de cette technologie. Il est primordial de ne pas considérer ces transformations comme inéluctables, mais comme des choix collectifs soumis à débat.

Les transformations profondes que la technologie promet, ainsi que les incertitudes qu'elle suscite, sont des enjeux de taille qui ne sauraient être ignorés par les pouvoirs publics, les entreprises, et la société civile en général. En effet, cette innovation aux potentialités considérables, capable d'élargir considérablement le champ des possibles, peut nous conduire jusqu'au véhicule sans chauffeur ou à la création automatique de scénarios et de films. Toutefois, malgré ces avancées, des incertitudes majeures subsistent quant à son déploiement effectif et à la manière dont elle sera appropriée, notamment dans le monde du travail.

Le risque de destruction massive d'emplois qui pèse sur cette technologie, est souvent prétexte à négliger son intégration pratique.

De plus, l'intégration de l'Intelligence Artificielle au sein de nos économies revêt un potentiel de gains de productivité significatifs et offre la possibilité de créer une valeur ajoutée considérable. Dans des économies ouvertes telles que les nôtres, il est crucial de prendre en compte les enjeux de compétitivité, de manière urgente, en intégrant ces innovations dans nos processus de travail.

Les avancées récentes de l'Intelligence Artificielle sont le fruit de la combinaison de trois facteurs déterminants :

- un accès à des données massives,

- une puissance de calcul conséquente et des algorithmes de pointe.

Le développement des algorithmes de machine learning et de deep learning est principalement effectué sur une base open source, offrant ainsi un accès facilité à ces derniers. Toutefois, l'enjeu majeur réside dans l'accès aux données et à la puissance de calcul nécessaires.

Le risque de dépendance à long terme et de perte de souveraineté pèse lourdement sur les entreprises françaises, européennes, et africaines qui pourraient devenir, à terme, de simples consommatrices de logiciels et de solutions développées à l'extérieur. Dans ce contexte de recherche ouverte, l'accès aux données indispensables aux algorithmes représente un avantage compétitif certain, qui pourrait entraîner une concentration de la valeur sur les plateformes disposant d'une position privilégiée.

Le risque de piratage (drone, voiture autonome) ou la perte de contrôle des systèmes d'IA (notamment lors d'une crise militaire) obligent à prévoir une désactivation des systèmes IA.

www.ingramcontent.com/pod-product-compliance
Lightning Source LLC
Chambersburg PA
CBHW070836070326
40690CB00009B/1572